하나님의 일하심

동행하심과 내주하심

하나님의 일하심
동행하심과 내주하심

초판 1쇄 발행 2023년 4월 15일

지은이 오, 찬하
펴낸이 장길수
펴낸곳 지식과감성#
출판등록 제2012-000081호

교정 김지원
디자인 정슬기
편집 정슬기
검수 주경민, 정윤솔
마케팅 정연우

주소 서울시 금천구 벚꽃로298 대륭포스트타워6차 1212호
전화 070-4651-3730~4
팩스 070-4325-7006
이메일 ksbookup@naver.com
홈페이지 www.knsbookup.com

ISBN 979-11-392-1007-1(03230)
값 12,000원

- 이 책의 판권은 지은이에게 있습니다.
- 이 책 내용의 전부 또는 일부를 재사용하려면 반드시 지은이의 서면 동의를 받아야 합니다.
- 잘못된 책은 구입하신 곳에서 바꾸어 드립니다.

지식과감성#
홈페이지 바로가기

하나님의 일하심

동행하심과 내주하심

오, 찬하

이 글은 창세기에서
요한 계시록까지 일하시는
전지적 관점의 하나님 역사다.

하나님과 말씀과 성령을 좇아 진리의 길을 떠난

영적 고아들의 눈에

비늘이 벗겨지는 은혜의 역사가 증거되기를 소망하며

목차

하고 싶은 말...10
숨은 글...13

1. 창조로부터

일곱째 날 안식과 안식의 일................. 18
창조 질서와 원시 명령......................... 22
창조의 원리 나눔................................ 24
에덴동산과 아담................................. 26
창세기 2장 15절의 아바드 29

2. 어둠을 뚫고

선악에 대한 지식, 영적 전쟁의 시그널.. 36
추방과 박탈의 공의 40
에덴동산 밖의 땅 42
노아와 방주.. 44
언약의 시작.. 47
바벨탑.. 49
아브라함 언약 51
여덟째 날 할례의 신약적 접근 55
언약의 사백 년 모세의 팔십 년 57
동행과 이름.. 59
출애굽 구원.. 62
선하신 하나님의 체데크와 미쉬파트.... 64

율법의 역할	68
십계명과 안식일	70
시내산 언약	73
의의 심판과 열매	75
언약 갱신과 은혜 언약	78
가나안 정탐	80
율법의 법복	83
제사 의식과 제사장의 antitype	85
안식 절기	87
땅의 안식년 빚의 면제년	89
희년, 해방의 해	92
에덴의 밥상에서 성령의 잔칫상까지	94
율법의 속죄와 그리스도의 죄 사함	97
안식의 예물, 순종	100
땅의 정복	103
분배와 경계	105
사사와 왕의 구속사적 의의	108
미완의 다윗 왕조	111
첫 언약의 복음 계시	115

3. 구원의 빛으로

세례 요한의 물세례 118
율법 언약에서 새 언약으로 120
예루살렘 성전에서 그리스도 교회로 ... 123
율법 행위의 빛 믿음의 의 126
그리스도의 안식의 일 129
종말의 왕과 대제사장 132
삼위일체의 역사 134
보혜사와 또 다른 보혜사 137
정직한 믿음 하나님 사랑 141
성령의 선물 144
성령의 전 148
교회와 안식 157
원시 명령의 종말 구속사 160

4. 하나님 나라

새 예루살렘 164
영원한 화평 166

하고 싶은
말

  이 글은 창세기에서 요한 계시록까지 일하시는 전지적 관점의 하나님 역사다. 하나님과 하나님의 일하심을 바르게 알고자 하는 신학의 노력이 없이 오직 인간 본위의 세속적 입맛에 맞게 재단된 기복 예배에 구원은 없다. 교회라는 이름으로 하나님의 말씀을 도둑질하는 탐욕의 게으른 신앙에 믿음의 능력이 구원의 은혜로 부어지는 기이한 현상은 목격되지 않을 것이다.

  하나님을 아는 지식 곧 신학이 없는 교회는 참된 교회가 아니다. 거짓된 것들이 난무하는 현대판 우상의 산당에 불과하다. 산당에 모여 제아무리 경건한 예배의 격식을 갖출지라도 서로 거짓되고 헛된 것들을 교제라는 이름으로 주고받으며 각자의 명분과 지분의 실익을 따지는 속물의 전형이다. 거짓과 헛됨에서 벗어나는 유일한 길은 예수 그리스도의 이름으로 신앙 고백한 누구나 신학하는 삶을 살아야 한다는 것이다. 생존하는 동안만 유효한 온갖 지식으로 교만해진 신자들이 널린 마당에 정작 생명의 근원되시는 하나님을 아는 지식에 하루 십일조의 시간만이라도 따로 떼어 낮아지려는 영혼들은 거의 전멸 상태다. 무기력한 신학의 겉옷을 걸친 자들이 세상의 노련한 지식에 단단히 결속되어 있는 자들과 사회 공동체에 섞여 일상을 공유하다 보면 예외 없이 그들의 신앙이 아무짝에도 쓸모없는 속 빈 강정에 불과하다는 것을 부인하지 못할 것이다.

  배고픈 시절 유일한 위로가 교회밖에 없었던 봄날은 지나갔다. 자본이 세상을 지배할수록 부흥의 문전성시는 파하게 되어 시장판의 예배당들이 하나둘씩 문을 닫고 있다. 대리 만족을 채우고도 남을 엄청난 재화가 사방에 깔리고 널린 마당에 무엇이 아쉬워 수고스럽게 재래시장을 찾겠는가. 다 헛된 믿음의 정보를 주고받으며 명리를 좇던 그렇고 그런 자들인데 말이다. 거품이 제거되는 현상은 가라지를 제거하시는 하나님의 종말 구속사일 뿐이다.

  하나님은 여호와 이름으로 난 의의 길을 찾아 헤매는 영적 고아들에게 구원의 손을 내미신다. 믿음의 증거인 고난과 시련 없이는 다다를 수 없는 험난한 여정이다. 구원으로의 인도하심은 본디 평탄한 길을 의도하지 않는다. 고통을 동반하지 않는 행보로는 거짓과 탐욕의 보따리를 결코 내려놓지 않을 것이다. 종말의 시대에 하나님을 아는 지식이 참으로 중요한 것은 아는 만큼 세상의 헛된 것들을 좇지 않는 대신 하나님 말씀에 순종하는 선한 인성을 쌓게 되는 것이다. 구원의 다른 방도는 없다. 오직 삼위 하나님을 아는 신학에 목말라하는 믿음이야말로 바라는 것들의 실상이요 보이지 않는 것들의 생명수다. 이 책은 신학하고자 하는 이들 누구에게나 열려 있지만 신학에 미동조차 없는 모든 신앙인에게 닫혀 있다.

　구원의 종말 시대, 하나님은 말씀의 알파요 오메가인 성경으로 일하신다. 하나님과 동역하고자 하는 신앙의 양심을 가진 모두가 말씀을 바로 알아야 하는 이유다. 말씀은 단순히 읽고 쓰고 외우기를 반복한다고 깨달아지는 것이 아니며 신학교의 문지방을 넘나들었다고 깨우침을 얻는 것도 아니다. 험난한 삶의 질곡에서 우러난 신학이 있어야 한다. 그리스도인의 신앙 고백은 세 치의 혀에 그쳐서는 안 되며 소금과 빛의 삶으로 증명되어야 한다. 이 글이 하나님을 알아갈수록 더욱 깊어지는 고난의 역경 앞에 선 영혼들에게 그러한 표징이야말로 하나님 택하심의 기치임을 확신케 하는 신학의 멍석이 되기를 바란다.

숨은
글

  하나님의 천지창조는 사람의 지으심과 하나님의 안식으로 대별된다. 하나님은 창조 세계의 질서를 유지하고 발전시켜 나갈 사역자로 하나님 형상의 사람을 창조하시고 흙으로 지으신 모든 생물을 첫 사람인 아담 앞으로 나아오게 하여 이름을 짓도록 하심으로 창조주와 피조물 간 매개자로서의 위치와 역할을 정해 주셨다. 하나님이 흠 없이 창조하신 천지 만물의 질서를 온전히 유지하고 궁극으로 완전한 질서 체계를 확립하는 것이었다. 육 일 동안 창조의 말씀이 "생육하고 번성하여 땅을 정복하고 생물을 다스리라"라는 신탁의 언어 체계로 아담에게 원시 명령으로 하달되었다는 것은 창조의 일을 마치고 안식하신 일곱째 날부터 안식의 일로 역사하실 것이라는 창조 세계에 대한 하나님의 첫 계시였다.

원시 명령은 하나님 안식의 일의 신탁이다. '사람의 번창'과 '땅의 정복', '생물의 다스림'을 명령받은 아담의 첫 과제는 돕는 배필과 더불어 에덴동산을 후손의 번창을 위해 잘 관리하여 사람을 온 땅에 편만하게 하는 것이다. 하나님은 에덴동산에서 이들 부부가 생육하여 번성하도록 온갖 열매와 채소를 값없이 식탁으로 차려 주셔서 안식의 지경을 땅끝까지 구축하는 사역에 전념하도록 도우셨다.

에덴동산에서 첫 후손을 보기도 전, 하나님과 같이 죽지 않는 존재가 될 수 있다는 악한 세력의 간교한 꾐에 선악을 알게 하는 나무의 열매를 먹은 최초의 부부는 선과 악의 분별로 인한 수치와 부끄러움을 인지하는 존재로 전락하여 하나님과의 대면 교제를 피하기에 이르렀다. 경고하신 대로 사망의 집행이 이루어져야 함에도 자비하시고 은혜로우신 하나님은 죽음을 유예하는 대신 불순종의 형벌로 동산 밖으로의 추방과 동산의 안식 만찬을 박탈하셨다.

동산 밖은 유예된 죽음이 임하기까지 생존을 위한 음식을 노동의 수고를 통해 스스로 구해야 하는 열악한 환경이었다. 그 결과 '사람의 번창'이 있을지라도 타락의 죄성을 지닌 사람 수의 증다만큼 죄악 또한 만연하게 되었다. 이를 계기로 하나님은 신탁의 원시 명령에 주도적으로 개입하실 것을 약속하셨다. 하나님 언약은 전적 타락한 육신이 생존을 빌미로 죄에 노출될 때마다 돌이켜 선한 사역을 감당하도록 도우시는 하나님 의(righteousness)의 공의로의 이행(works to justice)이다. 하나님은 언약을 법규로 제정하시고 택하신 백성으로 순종의 도를 가르치셨다. 시내산 율법이다.

 율법의 역할은 언약 백성이 죄를 지을 때마다 반복적으로 들추어 냄으로써 궁극적으로 단 한 번의 '죄 사함'만이 원시 명령을 온전히 성취할 수 있는 구원의 방도임을 깨달아 가도록 하는 것이다. 부연하자면 친히 영원한 대속의 제물이 되셔서 '죄 사함'으로 의와 구원을 이루실 하늘의 대제사장이 메시아로 임하시기를 소망하며 요청하도록 하는 초등 교사의 역할이다. 하나님은 마침내 내면의 '죄의식'이 신탁의 일에 더 이상 걸림돌로 작용하지 않도록 죄가 전혀 없는 완전무결한 하나님의 한 의를 이 땅에 보내셨다. 십자가로 율법 언약을 폐하시고 육신의 부활과 성령 강림으로 하늘의 의에 속한 자로 거듭나게 하시는 새 언약의 중보자 예수 그리스도시다.

 종말의 때 의의 하나님은 오직 믿음으로 그리스도 예수와 연합한 새 언약의 일꾼들에게 구원의 공의를 베푸셔서 성령의 전으로 자라게 하신다. 언약의 표징인 할례와 무할례 사이의 막힌 담을 허무시고 할례자의 율법과 무할례자의 양심의 '죄의식'을 '칭의'로 도말하셔서 의와 구원에 이르는 육신의 교회들로 땅끝까지 세워 가신다. 교회의 머리이신 예수와 그리스도의 몸 된 하나의 교회로 서로 조직된 지체의 교회들이 머리와 몸의 완전체로 하나님이 영원히 거하실 새 성전이 되는 날 하늘의 도성 새 예루살렘이 하나님께로부터 하늘에서 내려올 것이다.

창조의 일의 마침같이 원시 명령의 성취로 창조 목적인 안식의 일이 끝나는 날, 하나님의 진리와 의로 단장한 부활의 신부들이 새 하늘과 새 땅의 새 예루살렘에서 만왕의 왕이신 신랑 예수의 왕적 제사장이 되어 모든 피조물을 '절대 선'으로 다스리는 영원한 화평의 나라를 기업으로 받을 것이다.

1
창조로부터

일곱째 날 안식과 안식의 일

하나님은 창조의 일곱째 날 창조의 일을 마치고 안식하셨다(창 2:2). '마치다'로 번역된 히브리어 "칼라"는 완성(성취)하다, 마치다, 그치다(complete, finish, cease)를 의미하며 '안식하다'의 "샤바트"는 쉬다, 그치다(rest, cease)를 뜻한다. 히브리어 "칼라"와 "샤바트"는 각각 완성과 쉼의 형태로 표현되었지만 동사의 의미군을 비교해 보면 일의 마침이나 그침처럼 동일한 어의에서 연역된 언어의 유비다. 이러한 어의의 동질성은 오른발과 왼발처럼 창조 이후 하나님의 구속 여정에서 언제나 행보를 같이하며 구속의 끝날 안식의 일의 마침이 곧 영원한 평안임이 확증될 것이다.

하나님이 일곱째 날을 안식의 날로 축복하시고 거룩하게 하신 것(창2:3)은 이날이 창조의 마침에 의의를 두기보다는 마침을 통한 안식이 창조 목적을 향한 하나님의 일의 본질적 요소라는 증거다. 실제로 하나님은 창조의 일곱째 날 이후로 하늘 보좌에서 안식에 머물고 계시지 않으셨다(창3:8 참조). 하나님께 일곱째 날 안식은 어떤 일도 일체 행하지 않거나 관여하지 않으신다는 무기한의 휴가 여행이나 방관이 아니다. 이를 뒷받침하는 하나님 말씀이 여섯째 날의 하나님 형상과 원시 명령이다.

여섯째 날 피조물 가운데 마지막으로 사람을 창조하실 때 하나님은 천지의 모든 생물과는 확연히 품격을 달리하는 두 가지 말씀을 언급하셨다. 사람을 하나님의 형상을 따라 같은 모양으로 지으셨다는 것과 사람에게 원시 명령을 하달하셨다는 것이다. 하나님은 무슨 연유로 한 생명체를 특정하여 하나님 형상과 모양으로 창조하시고 창조의 말씀이 아닌 하나님 형상에 대한 최초의 언어로 명령하신 것일까. 하나님의 창조 섭리를 온전히 이해할 수 없다 하더라도 예측 가능한 부분은, 일곱째 날 이후 창조하신 피조물과 관련한 새로운 일이 진행될 것이라는 점과 모든 피조물의 대표성을 상징하는 하나님 형상의 사람(창2:19-20 참조)이 하나님 신탁을 수행할 메신저로 지음받았다는 사실이다.

아담에게 말씀하신 원시 명령은 '생육하고 번성하여 땅에 충만하라, 땅을 정복하라, 바다의 물고기와 하늘의 새와 땅에 움직이는 모든 생물을 다스리라(창1:28)'이다. '사람의 번창'과 '땅의 정복', '생물의 다스림' 순서다. 명령의 단계적 추이와 진행 방향은 하나님의 점진적 구속 계시로 드러날 것이다. 창조의 일로 구축하신 창조 질서를 원시 명령을 통하여 결코 훼손되지 않을 절대 질서로 확립하여 가시는 안식의 일(works of rest)이 될 것이다. 일곱째 날은 창조의 일을 마치신 날인 동시에 원시 명령을 통해 안식의 일을 개시하신 날이다.

하나님은 피조물을 창조하시면서 일곱 번이나 '보시기에 좋았더라(God saw that it was good)'라고 말씀하셨다. 이것은 하나님의 창조 세계가 선(goodness)이며 창조 질서가 선을 본질로 하고 있다는 계시적 의사 표현이다. 창조의 마침을 알리는 일곱째 날을 특별히 축복하시고 안식의 날로 거룩하게 하신 근저에는 엿새 동안의 모든 피조물이 하나님의 선으로 조직된 유기적 통합체라는 창조 섭리가 깔려 있다. 하나님 선의 속성(the attribute of God's goodness)이며 하나님 일의 바탕(the nature of God's work)인 신성의 안식은 일상의 노역 중간에 제공되는 짧은 휴식이 아닌 영속적 생명의 평안이며 인성의 안식을 통하여 창조의 생물들을 다스리는 선한 능력의 보고(a treasury)이다.

하나님은 창조의 날 동안 세 번 축복하셨다(히브리어 바라크: bless). 다섯째 날, 바다와 하늘의 모든 생물을 창조하시고 복을 주셨으며(창 1:22) 여섯째 날, 땅의 모든 생물과 사람을 창조하시고 복을 주셨다(28절). 두 번의 축복이 창조의 생명에 있었다면 세 번째 축복은 창조의 마지막 일곱째 날이었다(2:3). 선으로 창조하신 모든 생명체에 대한 축복이 창조 이후로 그들에게 선한 능력을 안식의 일로 계속 부어 주시겠다는 언약성 도우심이라고 한다면 일곱째 날의 축복은 안식의 날을 기준으로 안식의 일을 계속 진행하실 것이라는 계시적 선언이다. 그런 연고로 하나님은 앞선 두 번의 복에 더하여 특별히 일곱째 날을 거룩하게 성별하신 것이다(God blessed the seventh day and made it holy; 창2:1-3 참조).

　안식의 일은 하나님 선의 본원적 발현이며 흠 없는 피조물(blameless things)을 완전한 선의 유기체(organism of perfect goodness)로 완성하여 가는 통시적 권능의 원천이다. 생존 노동과는 본질적 성격을 달리하는 선한 생명력의 유지 보존을 위한 사람과의 소통이며 보혜사(헬라어 파라클레토스: Helper)의 전지적 권능이다. 사람의 타락과 같은 파장의 간섭현상을 받지 않으면서 창조의 가변적 질서를 안식의 절대적 질서로 만들어 가는 구속 사역이다. 하나님 선이 일상의 절대 진리가 되고 하나님 일이 보편 진리 안에서 '절대 선(absolute goodness)'의 하나님 나라를 완성하여 가는 종말론적 화평의 역사(the History of Eschatological Peace)다.

　하나님은 안식하신 날부터 아담과 돕는 배필을 두신 에덴동산에 거하시면서 먹을 것을 값없이 차고 넘치게 내어 주심으로(창2:9, 16 참조) 원시 명령에 따른 안식의 일에 생명 양식을 전방위로 공급하셨다.

창조 질서와 원시 명령

셋째 날, 씨 맺는 채소와 씨 가진 열매 맺는 나무(창1:11-12)를 땅으로 내게 하신 하나님은 다섯째 여섯째 날에 창조하신 생물들이 생육하고 번성하도록(20-28절) 푸른 풀과 열매(29-30절)를 음식물로 내어 주셨다. 여섯째 날, '지으신 모든 것이 심히 좋았더라(God saw everything that he had made, and behold, it was very good)'라고 하시고 아담(히브리어 아다마: man)에게 원시 명령(28절)과 더불어 생물에 이름을 지어 주는 자격과 권리를 부여하신 것(2:19)은 모든 피조물을 섬기며 보존하는(to serve and preserve; 창2:15 참조) 사역자로 사람을 성별하셨다는 증거다. 하나님은 창조의 모든 생물이 저마다의 본성으로 행하여야 할 선한 것들을 충실하게 수행하도록 원시 명령으로 창조의 위계질서를 확고히 한다는 마스터플랜을 아담에게 제시하셨다.

하나님은 태초부터 창조의 질서를 교란시켜 호흡하는 생물들을 죽음에 이르게 하려는 타락한 천사들(satans)의 악한 계략을 통찰하셨다. 그들을 땅에서 진멸하기까지는 창조의 목적을 이루기 어려우므로 창조의 선(good of creation; 창1:31 참조)을 일곱째 날 이후 안식의 일의 원천으로 삼아 죄악을 영원히 멸절시키는 의의 사역(working of righteousness; justice)을 원시 명령에 심어 놓으셨다. 원시 명령은 흠이 없이 창조된 모든 생물이 악한 세력으로 말미암아 무질서에 빠지고 하나님의 안식에서 멀어져 죽음에 이르게 될 것을 미리 아신 하나님이 선한 능력으로 영생의 복에 이르도록(시133:3 참조) 첫 아담에게 신탁하신 공의의 언어(language for justice)다.

국민과 영토, 통치권을 가리키는 '사람의 번창'과 '땅의 정복', '생물의 다스림'을 명령하셨다는 것은 지상에 하나님 나라 건국을 창조의 목적으로 세우셨다는 하나님의 종말 계시다. 일곱째 날을 축복하시고 거룩하게 하신 하나님은 창조의 목적이 완성되는 날까지 원시 명령의 주권적 조력자(Sovereign Helper)로 안식의 일을 중단 없이 진행하실 것이다.

창조의 원리 나눔

창세기 1장 2절은 '땅이 혼돈하고 공허하며 흑암이 깊음 위에 있고 하나님의 영은 수면 위에 운행하시니라'라고 창조 이전의 양태를 간결하게 묘사하고 있다. 형태가 없이 텅 비어 있는 흑암에 창조의 빛이 비치면서 피조물들로 채워지기까지 천지에는 어떠한 질서와 법칙도 존재하지 않았다(욥10:22 참조).

엿새 동안 행하신 하나님의 창조 원리는 나눔(히브리어 페두트: division, redemption)이다. 의미적 구절들을 제외하고도 나눔의 히브리어 동사 바달이 다섯 차례 창조 사역으로 등장한다(창1:4, 6, 7, 14, 18). 하나님은 첫째 날 빛과 어둠의 나눔(1:4)을 시작으로 둘째 날 하늘 아래의 물과 하늘 위의 물로(7절), 셋째 날 하늘 아래 물을 땅과 바다로(10절), 넷째 날 하늘에 낮과 밤을(14, 18절), 다섯째 날 땅과 바다의 생물과 하늘의 생물을, 여섯째 날 땅의 생물과 사람을 나누셨다. 나눔은 여섯째 날 마지막으로 지음받은 하나님의 형상에 모든 피조물이 구심으로 운동하고 모든 생물에 원심으로 작용하도록 설계된 창조 질서의 법칙이다. 첫째 날의 빛과 어둠에서 여섯째 날 하나님 빛의 형상인 사람을 창조 만물과 성별하기까지 나눔은 개체별로 분리하기 위한 단순 작업이 아니다. 아담에 의해 이름 지어진 천지 만물의 모든 생물이 최적의 환경에서 구별된 개체로 상호 선한 유기적 질서 관계망을 수호하며 확장시켜 가는 하나님의 통일적 구속 장치다. 나눔은 완전한 통합(perfect unification)을 목적으로 하는 창조의 조화로운 조합(harmonious combination)이다.

아담의 타락으로 에덴동산 밖으로 추방당한 날부터 심판 날 알곡으로 성별 된 새사람을 새 예루살렘에 들이시기까지 하나님의 분리(히브리어 베테르: separation; 아2:17 참조)는 훼손된 창조 질서를 회복시키는 구속(히브리어 페두트: redemption; 시111:9; 130:7, 사50:2)의 전형이다.

에덴동산과 아담

하나님이 에덴동산을 창설하시고 번창과 정복, 다스림(flourish and subdual, dominion)의 신탁을 감당할 아담과 돕는 배필(히브리어 잇샤: woman)을 거기 두셨다는 것(창2:8)은 안식의 일을 위한 거룩한 터를 첫 일꾼에게 내어 주셨다는 의미다. 원시 명령에 따른 하나님 신탁은 번창한 사람으로 하여금 온 땅의 모든 피조물에 하나님의 완전한 통치 체제 확립을 종말론적 목적으로 하고 있음(창1:26-28 참조)이 창세기 1장 28절의 히브리 명령어인 "카바쉬(정복하라)"와 "라다(다스리라)"로 계시되었다. 하나님은 창조 질서를 무너뜨리고 창조의 목적을 훼방하기 위해 흠 없는 인간의 마음 밭에 악의 씨를 뿌려 죄를 만연시키려는 악한 세력들의 계략과 도발을 결국 무위로 돌아가게 하실 것을 원시 명령으로 간접 조명하셨다.

전지적 관점에서 에덴동산은 원시 명령을 지원할 하나님의 전방위적 전초기지이며 아담은 원시 명령을 충실히 수행해야 할 에덴동산 소속의 첫 군사다. 아담이 선악을 알게 되어 에덴동산 밖으로 쫓겨났다는 성경 말씀은 선악에 대한 지식(창2:17, 22)이 하나님의 군사에게 허용되지 않았다는 단적인 예다. 선악의 지식을 습득함으로써 거룩한 동산에서 사고를 통한 순종이 어렵게 되어 원시 명령을 온전히 받들 수 없게 되었다. 동산과 동산 밖의 나눔(division, redemption)은 선과 악의 분리를 대표하며(창3:23-24 참조) 이후 동산 밖에서 선의 점령지를 확장하여 가는 표지석으로 구속의 원리를 확증하셨다. 선악을 아는 일을 사람에게 금하신 하나님 섭리를 정확히 규명할 수 없다 하더라도 에덴동산이 하나님 말씀에 불순종하는 악의 발흥을 용납하지 않는 선의 성역(창2:17; 3:21 참고)이며 동산 밖으로 생명수를 흘려보내는 선의 발원지(창2:10-14, 계22:1-2)라는 지식에는 믿는 누구나 닿을 수 있게 하셨다.

에덴동산은 한편 창조의 목적을 실현하기 위해 손으로 짓지 않은 하나님의 첫 지상 성소(the first sanctuary above the ground)이다. 아담과 돕는 배필이 타락으로 추방당하기 이전 하나님과 동행의 교제를 가졌던 거룩한 일터가 곧 하나님의 집이었다. 하나님은 사람 안에 악을 심어 피조물 간의 조화로운 위계질서를 훼손시키고 하나님을 대적하도록 조종하는 동산 밖 원수들의 계략에 맞서 창조의 질서를 수호하시고 선의 통치 영역을 땅끝까지 넓히고자 의의 역사(working of righteousness)를 "카바쉬"와 "라다"라는 통치 이념의 언어를 빌어 안식의 일터에 공의(judgment/subdual and justice/dominion)로 드러내셨다.

창조 질서의 완성을 향한 목적론적 종말론은 에덴동산이 안식의 터라는 것과 동산 밖이 원시 명령의 신탁을 받은 영적 군사들로 안식의 영역으로 확장될 것과 타락의 죄악 중에도 하나님의 도우심으로 안식의 선(goodness of rest)이 땅 위에 완전하게 구현될 것이라는 하나님의 계시다. 하나님을 대적하는 악한 무리를 정복하여(카바쉬) 호흡하는 모든 생물을 '절대 선'으로 다스릴(라다) 마지막 아담을 구원과 의의 푯대(고전15:22, 45 참조)로 계시하시고 에덴동산의 첫 아담에게 원시 명령을 하달하셨다.

창세기 2장 15절의 아바드

하나님은 에덴동산을 경작하고 지키며(창2:15) 아담에 의해 명명된 생물들을 후손의 번창으로 잘 보살피도록 아담을 도울 배필을 지어 연합하게 하셨다(24절). 원시 명령을 받은 부부에게 동산을 경작하고 지키는 일이 고대 농경사회의 일반적 노동(laber)을 가리키는지 검증하는 작업은 하나님 신탁의 일과 도우심의 일을 바르게 분별하는 신앙의 토대가 된다.

기록된 에덴동산의 자연환경에 눈을 돌려 보자. 동산에는 첫째, 각종 채소(창1:29)와 나무들(2:9, 17)이 있었다. 둘째, 에덴에서 흘러나오는 물(10절)이 있었다. 셋째, 모든 가축과 각종 들짐승과 공중의 새들(19-20절)이 있었으며 넷째, 이들 생물에게 이름을 지어 준 아담에게 돕는 배필(helper)이 함께하고 있었다(25절). 하나님이 에덴동산의 경작과 관리를 위한 노동 행위를 의도하셨다면 최초의 부부는 하루 내내 동산에서 채소와 나무를 가꾸고 밭에 물을 대고 가축과 들의 짐승과 새들을 돌보는 일들로 쉼의 시간을 거의 누리지 못하였을 것이다. 원시 명령이 생명을 위한 일차적 생계 문제 해결부터 피조물에 대한 관리자로서의 제반 일들을 포괄한다면 그것은 축복을 받은 자의 안식의 일이라 할 수 없다. 품앗이할 인력(참고로 가인과 아벨을 비롯한 후손들의 증식은 타락 이후 동산 밖이다)도 없는 원시적 작업 환경에서 고된 노동으로 일상을 보내는 가운데 자투리 시간을 원시 명령에 할애하라고 부부를 에덴동산에 심으신 것은 아닐 것이다. 에덴동산의 일을 노동의 범주로 접근하는 신앙적 태도는 전적 타락으로 말미암은 죄인들의 전형적 사고방식이다. 논증의 중심에 '경작하다(cultivate)'의 "아바드"가 있다.

창세기 2장 15절에서 히브리어 "아바드" 동사는 포괄적으로 일하다(work)를 의미한다. 이 단어는 하나님이 에덴동산에 아담을 두시고 맡기신 일의 성격을 하나님 중심의 안식에 둘 것인지 인간 중심의 노동으로 견지할 것인지를 규정하는 유의미한 언어 수단이다. 초기 농경사회를 기반으로 발전하여 온 인류 문명의 역사에서 에덴동산의 일을 땅에 대한 경작으로 인지하는 것은 자연스러운 사고 태도일 것이다. 이러한 선험적 인식은 전적 타락한 이성에서 도출 전승되었다는 한계를 가지므로 타락 이전 하나님의 신탁에 대한 신학적 분석이 합당하게 반영되었다고 보기 어렵다. 타락으로 말미암아 동산 밖으로의 추방(창3:22-23)이라는 환경적 요인의 고려 없이 동산 밖의 "아바드"를 기준으로 에덴동산의 "아바드"를 연역 추리한 통념이 바로 개역개정판 성경에 기록된 '경작하다'이다.

15절 본문은 타락 이전 "아바드"의 어의를 바르게 잡아 주는 히브리 "야나흐"가 사역형으로 본동사를 구성한다. '두다'로 번역된 "야나흐"는 '쉬다, 휴식하다'의 히브리어 "누아흐"와 '머무르다'의 "야사브" 동의어로 쉼(rest)과 머무름(settlement)의 중의적 의미를 가진다. 하나님이 아담에게 "아바드"를 명령하신 목적이 에덴동산에 아담을 두실("야나흐") 때 이미 묵시로 예고하셨다는 것을 가리키는 증거 자료다. 15절에서 "야나흐"의 '쉬다', '머무르다'가 "아바드"의 '일하다'와 유비를 이룸으로 에덴동산의 일과 쉼이 동일한 속성을 본유하고 있었음을 확인시키는 단초가 되었다. 하나님은 안식의 동산에 첫 아담을 두시고(rest, settle) 원시 명령의 신탁을 섬김의 일(works of serving)로 개봉하셨다.

타락 이전의 "아바드"가 '경작하다'의 노동을 의도하고 있지 않다는 또 다른 증거가 창세기 2장 9절, 16-17절 말씀이다. 하나님은 보기에 아름답고 먹기에 좋은 생명나무를 동산에 나게 하시고 열매를 마음대로 먹도록(to eat freely) 하셨다(창2:9, 16). 값없는 생명 음식을 무한으로 내어 주셔서 경작의 수고 없이 온전히 원시 명령에 전념하도록 하기 위함이었다. 더구나 노동의 유무와 무관하게 금단의 열매로 죽음을 예고하셨다는 사실은(2:17) "아바드"의 명령어가 노동의 경작(cultivation)이 아닌 순종의 섬김(아바드의 명사형 아보다: serving)을 위한 경고형 요청이었다는 것을 충분히 인지시키고 있다.

허락하신 생명나무의 열매를 순종으로 먹으며 안식의 일에 전념

할 것인지 선악을 알게 하는 금단의 열매를 불순종으로 탐하여 생존 노동(labor for survival)의 멍에를 짊어질 것인지는 전적으로 아담의 몫이었다. 하나님은 "아바드"로 생명 안식(rest of life)이 노동이 아닌 섬김에 있음을 계시하셨다(창2:15-17). 선악의 열매를 먹은 부부에게 생명 음식(food of life)을 중단하시고 사망을 유예하는 대신 불순종의 형벌로 생존 음식(food for survival)을 노동으로 구하도록 하셨다(창3:17-19, 22-23). 사망 집행의 날 동안 노역 중에도 원시 명령의 사역을 감당하도록 안식의 통로를 안식 절기로 열어 놓으시고 도우실 것을 언약하셨다.

"아바드"를 비롯한 어의 분석과 비교 본문을 통하여 에덴동산의 일이 생계형 노동(labor)이 아니라 영생형 안식의 섬김이라는 논증적 결론을 도출시켰다. 아담과 아내가 타락 이전 원시 명령의 온전한 섬김을 위해 축복의 생명 음식(food of life)을 무한 보장받았다는 말씀에 견주어, 타락으로 인한 죄책의 노동을 신성한 노동 행위와 쉼의 누림으로 왜곡하는 세속적 해석은 형벌 중에도 안식의 위로를 거두지 않으시는 하나님 은혜의 선하신 섭리를 가리는 이적 행위다. 하나님의 창조와 안식에는 노동이 전혀 필요치 않았다. 오직 말씀으로 창조하시고 창조의 일을 마치시고 안식하셨다. 하나님 말씀에 순종하는 섬김이 창조의 목적을 위한 유일한 도리이며 영원한 안식에 들어가는 순결한 덕목임을 에덴동산의 안식의 일로 계시하셨다.

인간 중심의 노동 문화는 하나님 선의 역사가 아니다. 죄로 말미암아 의식주를 스스로 해결하도록 동원된 노동력은 하나님의 심판(judgment)으로 마땅히 간주되어야 한다. 죄와 분리된 유익한 경제 창출의 도구로 격상시켜 물질의 이념과 구조(ideology and structure of material)를 하나님 복 주심의 산물인 양 기만하는 행태는 오히려 하나님의 일하심을 가로막는 속물근성의 유출이다. 창세기 2장 15절의 "아바드"에 대한 노동 친화적 패러다임은 '인간중심사상'과 '물질만능주의'의 양대 기둥으로 우상의 제단을 쌓을 뿐이다.

하나님 보시기에 참으로 선한 일은 안식 안에서 원시 명령을 순종으로 섬기는 것이다. 그럴 때 타락으로 인한 형벌의 노동마저도 생명을 위한 안식의 일(the work of rest for life)로 돌이키시는 축복의 은혜를 입게 될 것이다.

2
어둠을 뚫고

선악에 대한 지식, 영적 전쟁의 시그널

하나님은 첫째 날부터 여섯째 날까지 창조하신 만물을 보시고 여섯 번에 걸쳐 '좋았다(it was good)'라고 하셨다(창1:4, 10, 12, 18, 21, 25). 여섯째 날 사람의 창조와 그를 대표로 하는 생명의 창조 질서를 세우신 것(26-30절)을 보시고 '심히 좋았더라(everything was very good; 31절)'라며 모두 일곱 차례 창조의 선(goodness of creation)을 말씀하셨다. 모든 만물이 저마다 하나님 선의 속성(attribution of goodness)을 지니고 창조되었다는 것을 표명하신 것이다. 창조의 선은 창조의 원형(nakedness; 창2:25) 그대로의 흠이 없는 아름다움(blameless beauty)이다.

아담은 에덴동산에서 원시 명령을 섬기는 일로 날마다 하나님 안식에 참여하며 각종 채소와 열매를 무노동으로 제공받았다. 동산에 있는 선악을 알게 하는 나무의 열매는 죽음을 초래하므로 절대 먹어서는 안 된다는 경고의 말씀이 단서 조항으로 붙었을 뿐이다(창

2:16-17). 성경은 아담과 돕는 배필이 안식의 풍성한 식탁 앞에서 금단의 열매를 먹는 불순종으로 선악에 대한 지식의 눈이 열려(to be opened) 벌거벗음(nakedness)을 부끄러움(shame; 창2:25; 3:7, 11 참고)으로 의식하게 되고 부끄러움의 수치(창3:7-8)가 내면에서 '죄의식(consciousness of sins)'의 두려움을 일으켜 하나님의 얼굴을 피하여 숨었다고 기록하고 있다(8-10절).

모든 생물 가운데 사람을 하나님의 형상(image)으로 창조하셨다는 말씀은 하나님의 선을 흠 없는 육신으로 형상화한 대표적 창조물(the representative creature that embodies God's goodness into a blameless flesh and blood)이 사람이라는 의미다. 아담의 흠 없음(blamelessness)은 하나님의 완전(perfect)과는 구별된다. 창조주 한 분 외에는 어떤 피조물도 완전하지 않으므로 비록 사람이 선하신 하나님의 흠 없는 형상으로 대표 자격을 부여받았을지라도 완전한 존재라고는 할 수 없다. 하나님은 동산 한가운데 생명나무(the tree of life)와 더불어 선악을 알게 하는 지식의 나무(the tree of knowledge of good and evil)를 두셔서 죽음을 경고하심으로 태초의 아담이 악으로 언제든지 생명을 상실할 수도 있는 미완의 존재라는 정체성을 드러내셨다.

선의 대표적 표상(the representative symbol of goodness)으로 지음받은 아담에게는 선에 관한 별도의 지식이 필요하지 않았다. 선을 개념화하기 위해서는 반드시 악에 관한 인식이 내재적으로 전제

되어야 하므로 하나님은 선과 악에 대한 지식 일체를 사람에게 원천적으로 차단하고자 하셨다. 악은 선한 마음 밭을 태우고 황폐화시킨 다음 죄의 씨앗들을 뿌려 사망의 열매를 거두어들인다. 악에 관한 지식의 눈이 열리도록 부추긴 존재는 창세 전에 하나님을 대적하여 땅으로 쫓겨난 마귀(satan)라고 하는 타락한 천사들이다. 하나님은 천지를 죄악으로 지배하고자 하는 이들의 악행을 제어하기 위해 '사람의 번창'을 명하셨다. 땅을 정복하고 땅 위의 모든 생물을 죄악으로부터 수호할 선한 군사들을 세워 가신다는 계획 아래 원시 명령을 하달하신 것이다.

사탄의 전략 무기는 거짓말이다. 뱀을 동원한 거짓말은 크게 두 가지다. 하나님 말씀을 부정하는 선악의 열매를 먹어도 결코 죽지 않는다는 허위와 먹음으로 선악에 대한 지식을 얻어 하나님과 같이 될 것이라는 유혹이다. 거짓으로 내면에 탐심을 발하게 하여(창3:4-6) 그로부터 배양된 악의 포자로(창4:7-8) 죄를 만연케 하여 온 땅과 모든 혈육을 부패시킴으로써(창6:11-12) 창조 질서의 근간을 뒤흔드는 흉악한 책동을 자행하였다.

하나님은 선악의 열매를 먹은 아담과 하와[아담이 돕는 배필을 하와(히브리어 하우와: Eve)로 부른 것은 타락 이후다; 창3:20]에게 불순종이 선의 형상인 벌거벗음의 아름다움을 부끄러움의 추함으로 인식 전환을 불러일으킨 죄의 씨앗임을 알게 하셨다. '욕심이 잉태한즉 죄를 낳고 죄가 장성한즉 사망을 낳느니라'라고 한 야고보의 말(약1:15)처럼 태초에 선악에 대한 지식을 불순종으로 습득하면서부터 악한 세력이 죄를 도모하여 사망의 권세 아래로 끌고 갈 것을 미리 아신 하나님은 '선악을 알게 하는 나무의 열매를 먹지 말라'라는 생명의 말씀으로 사망의 퇴로에 원천 봉쇄령을 내리셨다.

하나님은 선악에 대한 지식을 자신의 고유 영역 안에 묶어 두고서 선한 형상의 빛에 어둠의 악이 자연 소멸하는 승리 방식을 아담에게 기대하셨을 것이다. 전적 타락으로 하나님의 계획이 위태하게 보이는 위기 상황에서도 이 모든 일을 살피시는 하나님은 빛 가운데 의의 역사(works of righteousness; justice and judgment)로 선과 진리(goodness and truth)가 승리하는 날까지 안식의 일을 멈추지 않으실 것이다.

추방과 박탈의 공의

아담과 하와가 선악의 열매를 먹고 '죄의식(consciousness of sins)'을 갖게 되자, 하나님은 동산에서의 추방(deportation)이라는 극단의 칼(창3:24 비유)을 뽑으셨다. 에덴동산은 하나님이 거하시는 안식의 거룩한 영역이므로 창조 질서를 훼손하는 죄악에는 죽음이 따를 뿐이다(창2:17). 타락한 부부에게 추방은 사망의 집행을 유예하는 하나님 은혜의 방편이다. 다만 안식 동산에서의 음식 공급과 같은 하나님 도우심은 더 이상 기대할 수 없게 되어 원시 명령의 원활한 이행이 어렵게 되었다. 악에 편승한 죄가 하나님의 얼굴을 피하는 교제의 단절을 시작으로(창3:8) 아담과 돕는 배필 사이의 균열을 일으키고(16절) 죄의 저주를 땅에 미치게 함으로써, 매개자의 타락이 생태계의 교란으로 작용하였다(17-18절).

아담의 타락은 후손들과 모든 생물로 안식과 영생의 박탈(deprivation)이라는 징계를 대물림받게 하였다. 동산 밖에서 노동(창

3:17-19)의 중도금과 사망의 잔금(창2:17; 3:19 참조)을 일생 치러야 하는 빚진 자의 삶이 강제되었다. 하나님은 동산 밖 저주의 땅에서 노동의 죄책을 요구하시며 죄의 삯으로 사망을 집행하시는 동안에도 생명의 회복과 새 생명으로의 부활을 위한 공의(히브리어 미쉬파트: justice)를 언약하셨다. 에덴동산에 아담을 두신 뜻에 합당하게 땅과 하늘의 모든 생물을 안식과 영생으로 인도해야 할 번창한 후손들을 추방과 박탈의 형벌로 공중 권세 잡은 자들의 손에 악한 도구로 쓰임받도록 내버려 둔다면 그것은 하나님의 의의 역사(working of righteousness)가 아니다. 영원한 안식의 이데아(Idea of Forever Rest)가 완전히 실현되는 그날까지 의(히브리어 체데크: righteousness)의 선한 빛을 비추시며 공의로 일하시는 여호와(I AM WHO I AM)이시다.

에덴동산 밖의 땅

　에덴동산은 빛과 어둠처럼 선과 악의 공존이 불가능한 하나님의 거룩한 안식처이다. 아담과 돕는 배필이 동산에 머물렀던 시기도 하나님 형상으로 흠이 없을 때였다. 다만 선악을 알게 하는 나무의 열매를 먹음으로 흠을 가진 존재로 전락하자 동산 밖으로의 추방이 불가피하게 된 것이다. 동산 밖은 죄의 육신으로도 생존이 가능하였다. 흙에서 난 아담의 불순종이 하나님 축복을 저주로 돌이켜 땅으로 돌아가게 한 연고다(창3:17). 타락을 기점으로 한 동산 안팎의 분리는(23-24절) 창조의 나눔(히브리어 페두트: division, redemption)이 피조물 질서의 확립이지 완성은 아니라는 사실을 상기시킨다. 완성 형태의 나눔이었다면 태초의 원시 명령도 하나님의 구속 역사도 없었을 것이다.

　사람에게 죄책의 노동(labor)이 동산 밖에서 요청되었다. 아담이 금단의 열매를 먹고 땅이 저주를 받아 생존하는 모든 날 동안 경작을 통한 노역의 양식이 허락되었다(창3:17-19). 더욱이 아담의 첫 후손인 가인이 아우 아벨의 생명의 피를 땅에 흘린 죄로, 노동에 따른 수확물조차 보장할 수 없는 상황을 발생시켰다(창4:11-12). 이처럼 땅의 효력에 생존이 좌우될 수도 있는 질서 법칙은 생명에 대한 축복과 저주가 매개자인 사람의 선악에 따라 땅과 땅의 모든 생물에게 교행이 이루어지도록 창조 질서의 체계를 세우신 하나님의 창조 원리에 있다.

에덴동산이라는 축복의 쉼터를 동산 밖 땅끝까지 하나님의 영원한 안식처로 확장하여야 할 매개자가 추방된 땅에서 자신의 이기와 탐욕의 죄악을 쌓는 만큼이나 모든 생물을 생존과 죽음의 두려움에 빠뜨렸다. 이를 긍휼히 여기신 하나님은 저주의 땅을 회복시키시고 노동의 형벌 중에도 안식의 위로를 베푸실 것을 한 사람으로 계시하셨다(창5:29; out of the ground that the Lord has cursed, this one shall bring us relief from our work and from our painful toil of our hands: ESV). 그의 이름은 노아[히브리어 노아흐(쉬다, 휴식하다의 누아흐에서 유래): rest, comfort, relief]이다.

노아와 방주

　땅의 흙으로 창조된 사람이 모든 피조물의 정점에서 창조주의 말씀에 불순종하여 타락함으로써 조화로운 생명의 질서 체계가 생존을 위한 경쟁 구도로 악화되어 땅에 폭력(히브리어 하마스: violence)이 가득 차게 되었다(창6:11-12 참조; the earth was corrupt and filled with violence, for all flesh had corrupted their way on the earth). 사람의 내적 구상(히브리어 예체르: imagination, intend, inclination)이 항상 악할 뿐임을 보신 하나님은(창6:5) 사람을 비롯하여 가축과 움직이는 생물과 공중의 새들까지(6:7; 7:23) 지면에서 쓸어버릴 것을 은혜(히브리어 헨: favor)를 입은 노아에게 말씀하셨다(6:13).

　창세기 6장 9절의 '노아는 의인이요 흠이 없는 자로 하나님과 동행하였다(Noah was a righteous man, blameless in his generation, and he walked with God)'라는 말씀은 땅에 대한 저주로 수고롭게 일하는 아담의 후손들을 안위할 자로 노아(창5:29)를 흠 없는 의인으로 세워 죄책의 노역과 사망에서 자유하게 하실 구원 사역의 시작을 알리는 여호와 언약 증거(9:11-12)의 서막이다. 타락한 죄인 가운데 택하신 자와 동행하시며 안식의 일을 강한 손과 편 팔(a mighty hand and an outstretched arm)로 진행하시겠다는 주권적 권능을 노아와 그의 이름으로 나타내 보이신 것이다. 동산 밖에서 에녹과 처음으로 동행하신 하나님(5:22, 24)은 대홍수 때 방주 안에 함께 들이신 모든 생물에게 언약의 증거를 세우심으로(9:13-16) 여호와 동행의 역사를 예고하셨다.

하나님은 안식 회복의 역사를 증거할 언약의 생명들을 죄와 사망으로부터 의와 구원으로 보존하기 위해 노아에게 방주(히브리어 테바: ark; 방주는 동산 밖에서 의로 일하시는 여호와의 신성한 구원 활동 공간을 상징하며 율법 시대의 언약궤와 교회 시대의 성령의 전으로 계승된다)를 짓도록 하셨다. 죄악이 온 땅에 가득하여 사람과 가축을 비롯한 호흡하는 모든 생물을 지면에서 쓸어버리시고 또 다른 창조의 판을 짜고자 의도하셨다면 여섯 날 동안 일곱 번이나 '보시기에 좋았더라'라고 말씀하신 창조의 선이 거짓이 되어 전능성을 부정하게 되므로 당대의 의인이요 흠이 없는 자로 일컬어지기에 부족함이 없는 노아를 택하시어 구원의 은혜를 베푸셨다. 은혜를 입은 노아에게로 나아오는 생명의 씨들(the living things which come in to Noah, a righteous man)에게 공의(justice)의 안식처를 제공하시는 한편 노아와 가족들이 방주를 짓는 내내 불순종으로 일관한 불의한 자들(벧전3:20 참조)을 죽음의 심연에 빠뜨리시는 공의(judgment)로 하나님 구원의 역사를 노아와 방주를 통해 후손들에게 생생하게 기억되게 하셨다.

 방주에서 나온 노아와 아들들을 축복하신 하나님은(창9:1) 대홍수로 인한 식량난의 해결책으로 에덴동산의 푸른 채소를 대신하여 살아 움직이는 모든 생물(every living and moving thing)을 음식으로 내어 주셨다(3절). 죄악을 퍼뜨리는 수단으로 악용된 '사람의 번창'을 본래의 선한 방향으로 돌이키도록 대속의 식단을 예비하신 것이다. 노아와 방주는 종말의 날에 '땅의 정복'으로 완성하실 하나님 의와 구원의 표상(symbol of righteousness and salvation)이었다.

언약의 시작

마음으로 생각하는 모든 계획이 항상 악할 뿐인 타락한 존재로는 원시 명령을 온전히 수행할 수 없다는 것을 명확히 알도록 한 사건이 노아 때의 대홍수였다. '사람의 번창'이 땅의 악을 몰아내기보다 악한 세력의 숙주로 활성화되어 죄를 온 땅에 가득 채우는 것을 안타깝게 바라보신 하나님은 대홍수로 세상의 모든 부패한 것들을 다 쓸어버리시고 노아로 새롭게 '사람의 번창'을 이룰 것을 명령하셨다(창9:1, 7). 하나님께서도 사람의 내재적 악은 여전히 상존하므로 죄악의 관영이 재현되지 않도록 선으로 개입하실 것을 노아에게 말씀하셨다. 선하신 도우심의 의(righteousness of Good Help)가 은혜 언약으로 계시되었다(9-11절).

하나님은 노아와 아들들에게 음식의 복을 주시면서 '사람의 번창'을 명령하시되 대홍수처럼 죄악에 진노의 심판으로 응수하기보다 긍휼로 인내하실 것을 구름 속의 활(히브리어 케셰트: bow)로 언약의 증거(the sign of the covenant; 창9:12-13, 17)를 세우셨다. 소위 '무지개 언약'은 원시 명령에 따른 집행자적 성격의 위상을 갱신 언약으로 계도자적 조력의 위치로 조정하셨음을 선포하신 복음의 첫 나팔 소리였다.

방주에서 나온 노아 가족들은 원시 명령의 일차 사역인 '사람의 번창'을 하명받았다(창9:1, 7). 전적 타락으로 '사람의 번창'이 선한 목적을 벗어나 온 땅 위에 죄를 만연시키는 악한 세력의 도구로 전락한 것을 보신 하나님은 대홍수 이후로는 처음부터 단계적 도우심의 범주 안에서 직무 수행이 가능한 사역을 제시하며 동행하셨다. '사람의 번창'을 선하게 이루는 일에 전념해야 할 이들에게 다음 세대가 맡을 '땅의 정복'을 언급하지 않으신 것이다. 하나님은 '사람의 번창'을 통한 '땅의 정복'을 언약의 구속사에 따라 시의적절하게 부름받게 될 후손들의 몫으로 남겨 두셨다.

바벨탑

   노아의 후손들은 '사람의 번창'으로 그 수가 많아지자 동방의 시날 평지에 거류하면서 성읍을 건설하고 탑을 하늘에 닿을 만큼 높게 쌓아 자신들의 이름을 드러내고자(창11:4; to build a city and a tower with its top in the heavens, and to make a name for themselves without being scattered) 하였다. 하나의 강력한 집단 지도 체제를 구축하여 힘을 결집하려는 이러한 시도는 '땅의 정복'과 '생물의 다스림'을 향한 하나님의 공의에 불의로 맞서는 대적 행위다.

   하나님은 악행으로 또다시 죄가 관영하지 않도록 그때까지 하나였던 언어 체계를 서로 알아듣지 못하도록 혼잡하게 하여 번창한 후손들을 온 지면으로 흩으셨다. 아담과 노아에게 명령하셨던 '사람의 번창'은 땅끝까지 나아가 모든 생물로 하나님의 통치 질서 안에서 영원한 안식을 누리게 하는 것이었다. '활의 언약(창9:12-13, 17)'을 증거로 받은 노아의 후손들이 가인의 에녹성(4:16-17)처럼 바벨탑으로 죄를 쌓아 올리려 하자 언약하신 대로 대홍수의 재앙이 아닌 언어의 혼잡으로 죄의 확산을 억제시키셨다. 흩으심은 이르는 곳마다 후손을 번창케 하여 '땅의 정복'을 위한 기초를 세우시려는 선으로의 돌이킴의 섭리다.

대홍수 이후 '사람의 번창'이 지난날 죄악의 관영을 촉발시키는 매개 수단으로의 답습을 사전에 차단하고 선의 확장을 위한 '땅의 정복'에 지속적으로 작용하도록 하는 사역에는 하나님 언약의 개입이 없이는 불가능함을 사방으로 나타내 보이신 사건이 바벨탑이다.

아브라함 언약

　타락은 하나님과 사람과 만물 간의 유기적인 질서 훼손은 물론 신탁을 받은 메신저로서의 역할마저 스스로의 능력으로 수행할 수 없도록 만들었다. 하나님은 대홍수로 정결하게 하신 땅에 의인 노아를 두셨음에도 바벨탑 사건에서 보듯 번창한 후손들이 또다시 죄를 쌓는 일로 결집하자 흩어 버리시고 대신 언약의 계보로 번성케 하여(창 15:4-5; 17:4-6) '땅의 정복' 사역을 이끌어 가고자 갈대아인의 우르에서 아브라함을 소환하셨다.

　언약의 날 하나님은 혈기 있는 애굽 군사와 왕을 상징하는 중간을 쪼갠(히브리어 바타르: 둘로 나누다, 분리하다) 삼 년 된 암염소, 숫양과 이스라엘 백성과 자녀들로 묘사되는 쪼개지 아니한 비둘기 및 새끼를 아브라함으로 준비하게 하셨다. 그리고 아브라함의 후손이 이방의 객이 되어 사백 년 동안 이방 백성을 섬기며 괴롭힘을 당할 것과 하나님이 이방 나라를 심판하시고 번창한 후손을 이끌고 약속의 땅으로 인도하실 것을 말씀하셨다. 해가 지고 어두움이 임하자 연기 나는 화덕과 타는 횃불(하나님의 임재를 상징; 출3:2, 삿7:16-20, 사31:9; 62:1)이 쪼갠 고기 사이를 지나가는 환상을 아브라함으로 보게 하셨다(창15:13-17). 바다를 갈라(히브리어 바카: 쪼개다, 분리하다, 갈라져 열리다; 바타르와 연관어) 죽음에 이르게 한 애굽으로부터 구름 기둥과 불기둥(연기 나는 화덕과 타는 횃불의 원형)으로 이스라엘을 분리하셔서(출14:19-20 참조) 생명으로 구원하실 것을 모형의 형상으로 나타내 보이신 것이다.

하나님은 노아에게 다시는 물로 모든 생물을 멸하지 않겠다고 하신(창9:11, 15) 언약의 증거를 아브라함에게 사백 년 후 홍해의 출애굽(출14:16, 21)으로 보게 될 것을 언약하셨다. 물을 대홍수처럼 심판을 위한 목적에 두기보다 구원을 향한 하나님 일하심의 선한 징표로 삼아 공의의 나눔(something like separating justice of Israel from judgment of Egyht through water)으로 원시 명령을 이루어 가실 것을 환상으로 예시하신 것이다. 창조의 나눔이 선과 선의 아름다움 조합이었다면 공의의 나눔은 악으로부터의 선의 보존과 확장을 목적으로 한다. 아브라함과 맺은[히브리어 카라트: 잘라(베어) 내다, 자르다, 언약을 맺다; 참고로 출4:25, 할례의 '베다' 동사 또한 카라트다] 언약으로 공의의 나눔이 종말적 구속 역사의 본질적 바탕임을 계시하셨다(출14:13-30). 바로와 애굽 백성을 속량물로 삼아 번창한 아브라함 후손들의 생명을 대신하게 하시는(사43:3-4) 대속의 역사를 아브라함 언약으로 예고하셨다. 아브라함 언약은 천지 만물의 창조 질서를 말씀의 나눔(히브리어 바달; 바타르, 바카와 상관어)으로 세우셨듯이 이스라엘과 동행하며(쪼개지 아니한 비둘기 및 새끼와 더불어 쪼갠 고기 사이를 지나는 화덕과 횃불) 훼손된 창조 질서를 공의의 나눔으로 회복하여 가신다는 통시적 도우심에 대한 은혜의 발현이었다.

아브라함의 씨로 하늘의 뭇별과 같고 바닷가의 모래와도 같게 하실 것(창15:3-5; 22:17)과 번창한 아브라함의 후손에게 애굽 강에서부터 큰 강 유브라데에 이르는 가나안 땅을 영원한 기업으로 주실 것(15:13-18)을 언약하신 하나님은 아브라함의 나이 구십구 세에 언약을 받들 합당한 인격을 요구하셨다.

> "나는 전능한 하나님이라 너는 내 앞에서 행하여 완전하라. 내가 내 언약을 나와 너 사이에 두어 너를 크게 번성하게 하리라." (개역개정)

> "I am God almighty, walk before me, and be blameless, that I may make my covenant between me and you, and may multiply you greatly." (ESV)

라는 말씀(창17:1-2)은 전능하신 하나님의 동행에 아브라함의 흠 없음이 전제되어야 한다는 사실을 확인시켜 준다. '완전하다'로 번역된 히브리어 "타밈"은 완전한, 흠 없는, 정직한 외에 의로운(삿 9:16, 19) 어의로도 인용된다. "타밈"이 하나님의 인격에는 '완전함'으로 표기되는 것이 정확하다. 그러나 하나님 형상대로 창조된 아담이 타락함으로 말미암아 완전하지 않은 실체라는 것이 드러난 상황에서 아브라함에게 새삼 완전할 것을 명령하셨다는 것은 비논리적이다. 사람의 인격이 완전하다면 타락도 악으로 죄를 지을 일도 발생하지 않았을 것이다. 완전하신(perfect) 하나님의 '전능성(히브리어 셔터가: almighty)'에 합당한 사람의 인격은 '흠 없음(blamelessness)'으로 족할 것이다. 흠을 온전히 지니고 있는 상태로는 하나님 언약을 따를 수 없다. 하나님이 '아브라함의 믿음(히브리어 에무나: truth, faithfulness, certainty)을 의로 여기셨다(창15:6)'라는 말씀은 흠 있는 아브라함에게 그의 믿음으로 흠이 없게 하시는 의의 옷을 입히셨다는 함의를 지닌다. '사람의 번창'에 전능으로 도우시는 하나님과의 동행에는 '흠 없음'이 선결 조건이므로 아브라함에게 의의 옷을 입히신 다음 흠이 없이 행할 것(to walk before me with being blameless; justice)을 요청하신 것이다. 아브라함의 '흠 없음'은 전능하신 하나님의 의를 공의로 드러낼 영적 병기이다. 아브라함의 믿음에 의를 덧입히셔서 선한 '사람의 번창'을 이루시고 땅의 악한 세력들을 정복하여 가실 하나님의 구속 역사를 아브라함 언약으로 계시하셨다(창15-19; 17:4-9 참조).

여덟째 날 할례의 신약적 접근

하나님은 아브라함과 맺은(히브리어 카라트: cut down, circumcise) 언약을 그의 후손들과 딸린 이방 식솔까지 대대로 지키도록 남자아이는 태어난 지 팔 일에 언약의 표징으로 할례(히브리어 물라: circum-cision)를 받도록 명하셨다(창17:11-12). 할례로 육체에 하나님의 영원한 언약(13절)을 기억하도록 하신 것이다. 할례는 아브라함의 씨를 통한 혈통적 약속뿐만 아니라 열방이 구원의 백성으로 부르심을 입을 신앙적 약속에 대한 예표다. 축복의 땅을 기업으로 받을 약속의 백성에게 포피를 자르도록 함으로써(to being circumcised in the flesh of man´s foreskin) 육신의 죄악들을 분리시키는 하나님의 구속적 나눔(히브리어 페두트: division, redemption)이 할례의 백성을 통해 장차 무할례의 열방으로 확대될 것을 할례의 표식(롬3:1-2; 4:11 참조)으로 언약하셨다.

출생 여덟째 날의 육신의 할례는 종말의 날 성육신하신 그리스도의 생애 마지막 안식일로부터 여덟째 날의 부활로 승계된다. 모세의 율법으로 제정하시고 선지자들로 거룩하게 지키게 하신 유월절의 주께서 안식일 준비일(요19:31)에 대속의 피 값으로 하나님 아버지로부터 '칭의'의 권세를 받아 삼 일 만에 부활하심으로 죄의 빚을 청산하셨다는 표징이 그리스도의 할례(골2:11)이며 이를 오직 믿음으로 믿어 그리스도와 연합하였다는 마음 판의 증거의 표가 세례다. 그리스도와의 연합은 회개로 '죄 사함'을 입어 구원과 의를 이룸을 의도한다. 하나님은 세례를 받은 자들의 죄와 허물을 기억 저편에 묻어 두시고 회개의 '죄 사함'을 입은 그들을 '의롭다'라고 법정적으로 선포하심으로 외부의 악한 작용들을 차단하셨다. 나아가 정결한 영과 육으로 원시 명령의 사역을 완수하도록 심령의 악한 것들을 몰아내실 것을 부활로 새롭게 언약하시고 오순절에 구현하셨다.

하나님은 오순절에 아브라함과 후손들에게 언약의 표징으로 두신 육신의 할례를 마음의 할례(롬2:28-29 참조)로 새롭게 하셔서 열방의 무할례 백성을 포괄하는 성령의 선물(행2:38)을 세례로 베푸셨다. 무할례 시에 아브라함의 믿음의 의를 인친 할례의 표(롬4:11)를 율법이 아닌 믿음의 할례자들에게 '칭의'의 증거 표로 확정하여 구원과 의의 평안의 복을 누리도록 하시는 그리스도 이름의 성령 세례(요14:26-27 참조)다.

언약의 사백 년 모세의 팔십 년

아브라함에게 언약으로 말씀하신 사백 년이 이삭과 야곱을 지나 모세 앞에 이르렀다. 이방의 땅 애굽의 거류민(sojourner)이었던 야곱의 후손들에게 노역으로 인한 고난이 닥쳤다는 것은 '사람의 번창'을 위한 하나님의 언약이 성취 단계에 접어들었다는 시그널이다(신26:5-6). 목축업 위주의 음식물 공급(창47:1-26)과 가축의 증식(출12:38), 출애굽 시의 큰 재물(창15:14, 출3:21-22; 12:35-36)은 후손의 번창(창46:3, 출1:7; 12:37; 22:17)과 약속의 땅(창26:3-4; 28:4; 35:12)으로 들이기 위해 예비하신 하나님 언약의 선물이었다. 선물 보따리가 애굽 종살이의 보상으로 사백 년 동안 꾸려지고 있었다.

이스라엘이 더욱 번창하고 강대하게 되자 애굽의 학대와 노역이 가중되었다(출1:9-14 참조). 이들의 신음과 울부짖음이 하나님께 상달되자 호렙산 떨기나무 가운데 불꽃으로 임재하셨다(출3:1-2). 불꽃의 히브리어 "랍바"는 창세기 15장 17절 횃불의 "랍파드"와 동일 어근

의 동의어로, 쪼갠 고기 사이를 지나는 아브라함의 횃불 환상이 사백 년 후 모세의 눈에 현시되었다. 야곱 후손들이 애굽에서 번창하는 가운데 가나안 땅에 죄악이 관영하자(창15:16) '땅의 정복' 사역의 개척자 모세 앞에 불꽃으로 현현하신 것이다.

  호렙산에서 부르심을 받기까지의 모세의 팔십 년 행적은 가나안 땅으로 이스라엘 백성을 들이기 위해 짜 놓으신 하나님의 교육과정이었다. 팔십 년의 전반은 이스라엘을 출애굽 시키는 지도자 자격의 애굽 왕자 사십 년이고 후반은 출애굽 후 이스라엘을 광야로부터 가나안 땅으로 안전하게 인도하는 가이드 역할의 미디안 양치기 사십 년이다. 모세의 팔십 년은 하나님 명령을 섬기며(아바드) 준행하는(샤마르) 사역(창2:15)에 실패한 아담을 교훈 삼아 이스라엘 백성을 언약의 땅(창12:27, 출3:8; 6:4, 레25:38)으로 온전히 이끌어 가야 할 메신저로의(출3:8-10) 연단 기간이었다. 부녀자와 어린아이 그리고 동행하는 이방인을 제외하고도 육십만에 달하는 이스라엘 장정들을 애굽의 완악한 방해 공작으로부터 흔들림 없는 결속력으로 출애굽 시키고 광야를 지나는 동안 온갖 불평불만을 잠재우며 가나안 땅으로 안전하게 들이기 위해 다스림(애굽의 왕자)과 섬김(미디안의 양치기)의 체득이 필요하였다. 하나님은 애굽과 미디안의 모세의 경험 지식에 말씀의 지혜로 동행하셔서 이스라엘로 출애굽의 구원을 보게 하셨다(출14:13 참조).

동행과 이름

하나님은 번창한 이스라엘을 언약의 땅으로 인도하고자 모세를 애굽 왕 바로에게 보내실 때 "내가 반드시 너와 함께 있으리라[(Certainly) I will be with you; 출3:12]"라고 말씀하셨다. 애굽의 열 가지 재앙을 시작으로 홍해를 가르며 광야를 지나 가나안으로 이스라엘 백성을 들이는 모든 여정 동안 전방위적 도우심을 동행으로 언약하셨다. 모세에 앞서 하나님은 에녹과 노아 그리고 아브라함과 동행하셨다. '에녹이 하나님과 동행하더니(Enoch walked with God; 창5:24)', '노아는 하나님과 동행하였으며(Noah walked with God; 6:9)'처럼 처음에는 하나님과 함께하였다는 동행자로서의 인물에 초점을 맞추었다면 아브라함에 이르러서는 하나님의 일에 흠이 없어야 할 것(to walk before God and to be blameless; 17:1)을 요구하심으로 동행자로서의 자질까지 제시하셨다. 아브라함의 후손과 더불어 '땅의 정복'을 성취하기 위한 필요 조치였다.

타락하였음에도 사망에 이르지 않을 수 있다는 구속의 큰 그림을 에녹과의 동행으로 계시하시고(히11:5, 참조 창5:24) 죄로부터의 분리가 구속의 구도임을 노아와의 동행으로 증거하신 하나님은 생명의 회복을 위한 구속 사역에 '흠 없음(blamelessness)'이 동반되어야 한다는 사실을(욥33:23-25 참고) 아브라함에게 언약으로 주지시키셨다. '사람의 번창(창6:1, 5, 12; 11:4-6 참조)'이 죄를 퍼뜨리는 악의 도구로 전락하였던 전철을 밟지 않도록 아브라함 언약으로 '흠 없음'을 번창하는 후손들의 실천 덕목으로 세우셔서 '땅의 정복'을 온전히 이루는 의의 무기가 되게 하셨다. 팔십 년의 연단으로 '흠 없음'을 덧입은 모세와의 출애굽 동행(출3:12)은 이스라엘로 하나님의 구원을 보게 하시고 구원하심이 죄를 분리하기 위해 일하시는 하나님의 권능임을 열방으로 알게 하셨다.

모세가 출애굽과 가나안 땅으로의 여정에 동행하실 하나님의 이름을 묻자 "나는 스스로 있는 자(히브리어 예호와: 야웨, 여호와; 출3:14)"라고 답하셨다. 스스로 있는 자 여호와는 하나님의 영원한 이름이요 그들 조상 때부터 대대로 기억할 칭호(15절)로 그 이름을 찾을 때(창4:26 참조) 편재의 전능으로 역사하신다. 천지 만물의 창조로부터 호렙산에서 떨기나무의 불꽃으로 임하시기까지 그리고 이후로도 '항상 바로 지금(always just now)' 안식의 통일적 섭리로 일하시는 산 자(the living)의 하나님이심을 이름(I AM WHO I AM)의 정체성으로 계시하셨다.

창세기 17장 1절에 아브라함에게 요청하신 '흠 없음'이 '사람의 번창'을 동행의 선으로 이끌어 가실 '전능성(almighty)'의 씨줄과 날줄이라면 출애굽기 3장 14절의 모세에게 약속하신 '항존성(ever-presence)'은 흠 없는 동행자의 '땅의 정복' 사역을 전능으로 도우시는 여호와이심을 온 천하에 이름으로 알리는(출9:16) 복음의 씨눈이다.

출애굽 구원

애굽 땅을 치신 열 가지 재앙은 의의 하나님의 공의를 분명하게 드러낸 표식이었다. 애굽 왕 바로와 백성에게는 이스라엘을 홍해와 광야로 보내라는 명령을 거역하는 죄의 삯이 여호와의 심판(judgment)이며(출7:21; 8:13; 9:6, 25; 10:17) 하나님의 종 모세를 따르는 백성에게는 애굽에 임한 죽음(11:5; 12:29-30; 15:4-5)의 속전이 여호와의 구원(히브리어 예슈아: salvation, deliverance)인 것을 유월절(Passover) 어린 양의 피와 홍해를 가름(히브리어 바카: dividing)으로 나타내 보이셨다(12:27; 14:13, 29-30). 이스라엘을 언약의 땅으로 인도하시고 뒤쫓는 바로와 군대를 죽음의 깊은 물로 덮으심으로 의의 하나님이 사망과 생명을 주관하시는 여호와(I AM WHO I AM)이심을 열방의 민족에게 계시하셨다(15:13-15). 에덴동산에서의 추방으로 박탈되었던 안식과 생명의 궁극적 회복이 십자가 언약의 피의 영적 출애굽에 있음을 알게 하고자 출애굽의 유월절 규례를 이스라엘 후손으로 영원히 지키도록 하신 것이다(12:24-27).

죄악의 결국은 죽음이므로 하나님 의(righteousness)가 지도자 모세에게 죄악을 이기는 공의(salvation through judgment)로 역사하여 번창한 이스라엘을 사망의 구덩이에서 건져 올리신 것이 여호와의 출애굽 구원이다. 출애굽을 여호와의 구원이라고 한 모세의 말은(출14:13; 15:2) 하나님의 구속 역사를 표현한 것으로 출애굽 한 이스라엘이 종말의 구원 백성으로 확정되었다는 의미가 아니다. 출애굽 구원의 은혜를 입었다고 하여 지난날 애굽의 헛된 신들과 풍습으로 몸과 마음에 화석화된 죄들이 단번에 씻기어 구원의 의를 입는 것은 아니기 때문이다. 그리하였다면 시내산에서의 율법 언약도 광야 사십 년의 연단도 축복의 땅에서의 죄의 저주도 없었을 것이다.

출애굽으로 보이신 여호와 구원은 생명 회복의 전능으로 만물의 창조 질서를 어지럽히는 사망의 권세를 땅에서 완전히 멸하심으로 사망의 종들에게 영생의 해방을 선물하기까지 쉼 없는 순항을 이어 갈 것이다. '전능성'의 동행과 '항존성'의 이름으로 역사하시는 하나님이 원시 명령에서 언약으로의 이행자시며 언약의 최종 집행자가 되심이다.

선하신 하나님의 체데크와 미쉬파트

출애굽 한 이스라엘은 광야에서 지도자 모세에게 시종 불평불만을 늘어놓는 것에 그치지 않고 애굽의 금송아지 우상(출32:1-6)을 만들어 하나님을 대적하기에 이르렀다(출32:9; 33:3; 34:9 참조). 가나안 땅으로의 동행을 거부하신 하나님께(33:2-3) 천하 만민으로부터 언약 백성으로 구별되었다는 은총(히브리어 헨: favor, grace)의 증거를 영광(히브리어 카보드: glory)으로 보여 주실 것을 모세가 간구드림으로(12절, 16-18절) 가나안에서도 '땅의 정복'의 동행으로 안식의 선한 모든 것(all things good of rest)을 베푸실 것을 여호와 이름으로 선포하셨다(출33:19; 34:5-6, 참조 출33:14, 시54:6). 부정(iniquity)과 반역(transgression)과 죄(sin)를 자비의 은혜로 들어 올리되 그에 따른 형벌은 후손들에게까지 계수하시는 의의 하나님이심을 여호와의 이름으로 증거하신 것이다(출34:6-7).

하나님 선(goodness)을 타락 이후 여호와 이름의 인격으로 드러낸

의(righteousness)는 아브라함이 말씀을 믿어 의로 여김받음(창15:6) 같이 말씀에의 순종을 통해 공의(justice)로 발현된다. 구약에서 274회[히브리어 남성형 체데크 118, 여성형 체다카 156; 체데크와 체다카의 성별 구분은 용이하지 않다. 성경 전반에 걸쳐 하나님 본연의 의는 남성형으로 하나님 의에 부합하는 인간의 의지적 의로움은 여성형으로 추론이 가능한 정도다(대표적 예: 호 10:12).] 신약에서 92회(헬라어 디카이오쉬네) 등장하는 하나님 의는 순종의 여하에 따라 은혜(히브리어 헨, 헬라어 카리스: grace, favor) 또는 진노의 공의로 역사한다. 하나님 은혜를 사랑으로 습관적으로 내뱉는 신앙인들에게 정작 하나님 의에 따른 공의(히브리어 미쉬파트; 약 400회 이상 기록)를 찾을 수 없는 것은 저마다의 우상적 맹신의 불의로 여전히 하나님의 의를 대신하는 까닭이다.

히브리어 "체데크"와 "미쉬파트"는 영어 righteousness와 justice(또는 justice의 법적 표현인 judgment)로 번역된다. 우리말로 의(또는 정의)와 공의로 표기되지만 개역개정은 이 둘을 명확하게 구분하고 있지 않다(예: 욥29:14, 시72:1-2, 사32:17). "체데크"는 하나님 구속의 속성이며 "미쉬파트"는 하나님 구속의 일이다. "체데크"가 활이라면 "미쉬파트"는 화살이다. 의가 믿음을 통하여 공의의 선한 행위로 나타나는 것이 하나님의 구속 역사다. 욥기 29장 14절 '내가 의를 옷으로 삼아 입었으며 나의 정의는 겉옷과 모자 같았느니라'의 영어 역은 'I put on righteousness, and it clothed me; my justice was like a robe and a turban(ESV, NASV, NRSV, NKJV)'이다. 신성의 정의(righteousness)가 인성의 공의(justice)로 역사하는 구속의 원리가 하나님 의를 옷 입은 욥의 공의(욥29:15-17; I was eyes to the blind and feet to the lame. I was a father to the needy, and I searched out the cause of him whom I did not know. I broke the fangs of the unrighteous and made him drop his prey from his teeth: ESV)에 고스란히 담겨 있다. 이사야 61장 10절은 의의 옷을 구원의 옷으로 증거함으로써 공의가 하나님 구원의 표식임을 드러내었다.

언약적 관점에서 "체데크"는 타락 이후 창조의 선을 회복하고 완성하여 가시는 하나님의 품성이며 "미쉬파트"는 의를 덧입어 하나님 언약을 실행하는 자의 덕성에 해당한다. 사람의 타락이 하나님 의와 공의의 동인이므로 의의 옷인 공의(justice)는 심판(judgment)과 구원(salvation)이라는 종말론적 나눔의 지표가 된다. 최초의 인류인 아담의 원죄로 죄를 잉태한 채로 육신을 입은 후손들은 예외 없이 사망 선고를 받은 유한한 생명이므로 하나님의 심판으로부터 면죄부를 받을 어떤 명분도 소지하고 있지 않다. 전적 타락한 존재들이므로 자신을 희생시켜 형제를 살릴 수도 없다. 죄인이 죄인을 대속하는 것은 불가하다. 유일한 대안은 죄가 없으신 완전한 의의 품성을 지니신 분이 타락의 죗값을 완전한 공의의 십자가로 대신 무르는 것이다. 죄악의 삯을 다 치름이 없이는 하나님의 진노를 구원의 은혜로 돌이킬 방도가 없는 까닭에 하나님과 일체인 의의 한 분이 성육신하셔서 더러운 죄의 옷을 대신 입고 십자가에 달리시는 화해의 시간이 예표되었다.

선하신 하나님의 "체데크"를 "미쉬파트"로 사역하는 의의 옷을 입은 죄인들이 여호와의 이름으로 감사와 존귀의 찬양(대상16:34, 시 52:9; 106:1; 107:1; 118:1; 136:1)을 드림이 구원에 합당한 덕성이다.

율법의 역할

이스라엘 민족이 애굽 땅을 떠난 지 삼 개월 만에(출19:1) 시내산에 당도하였다. 산 위로 모세를 부르신 하나님은 출애굽의 구원을 되돌아보게 하시고 말씀을 순종으로 따르면 이스라엘이 모든 민족 가운데 하나님 소유가 되고 제사장 나라가 되며 거룩한 백성이 될 것을 약속하셨다(5-6절). 율법을 언약으로 선포하시자 이스라엘은 일제히 준행할 것을 맹세하였다(19:8; 24:3, 7).

율법의 선포는 죄로부터의 구원이 하나님 의의 도를 온전히 따름에 있음을 이스라엘 민족을 내세워 땅의 모든 백성으로 알게 한 복음 언약이다. 여호와 하나님은 노아 시절 타락한 '사람의 번창'을 막으시고 아브라함의 후손들을 언약 백성 삼아 '땅의 정복'에 합당한 공의(justice)를 행하도록 율법을 의의 공도로 세우셨다. 가나안에서의 '땅의 정복'은 타락의 원흉인 마귀의 세력들을 지상으로부터 영원히 몰아내는 하나님 구속의 성전(holy war for redemption)이므로 승패를 가름할 '죄의식'의 출애굽(exodus of consciousness of sins)에 필요한 정결 의식을 율법 언약으로 연마하도록 한 것이다(출24:7-8 참조).

　언약 백성으로의 의식 개혁을 위한 율법은 정결법에서 안식법과 사회도덕법에 이르기까지 악으로 인한 죄를 죄로 깨달아 의의 옷을 입을 수 있도록 이끌어 주는 제도적 장치다. 하나님은 믿음의 주가 임하기까지 율법 언약으로는 '땅의 정복' 구속 사역을 완수할 수 없다는 것을 알게 함으로써 언약 백성의 할례의 인침이 구원 백성의 확정이 아님을 깨우치게 하셨다. 그럼에도 하나님 나라 결혼 잔치의 예비 신부들로 먼저 부름받은 은혜를 입은 자들인 것 또한 율법으로 망각하지 않도록 하셨다. 율법으로 하나님 나라의 시민권 획득이 가능하였다면 메시아 성육신도 십자가 율법의 마침도 없었을 것이다.

　율법은 거룩하고 의로우며 선하다(롬7:12). 다만 죄가 사람의 의를 내세워 하나님의 의의 계명에 불복종할 기회를 타서 속이고 사망에 이르게 할 뿐이다(7:8, 11; 10:3). 따라서 어느 누구도 죄로 말미암아 육신의 법으로는 하나님의 구원과 의를 성취할 수 없다는 것을 깨달아 입으로 시인하고 고백하여 믿음으로 말미암아 의롭다 하심을 얻도록 율법이 초등 교사가 되어 그리스도께로 이끌어 준다(갈3:24). 하나님의 구속 역사가 율법 언약으로 계획하신 사역을 마친 연후에야 새 언약의 중보자 이름(행4:12)과 성령의 법(롬8:2)으로 구원 백성이 세워지게 된다.

십계명과 안식일

 율법의 가르침은 죄책감(guilty)에 대한 의식을 깨우면서 시작된다. 애굽에서 사백 년간 노예 생활을 한 이스라엘 자손에게 죄에 대한 분별을 기대할 수는 없었다. 율법의 행위로는 의롭다 함을 얻을 육체가 없다는 사도 바울의 말(롬3:20, 갈2:16)처럼 율법의 효력은 내면의 죄악을 죄책감으로 드러내어(롬7:7, 13, 24) 하나님의 의(righteousness)를 바라보게 하는 것이다. 여호와의 출애굽 구원을 경험하였다 하더라도 어두워진 눈과 귀가 열리지 않는 한 의의 길로 돌이킬 수 없다는 사실이 출애굽 광야 사십 년에서 확인되었다.

 율법을 통한 하나님 의로의 첫 행보는 죄(sin)를 죄로 인식하는(to be guilty) '죄의식(consciousness of sins)'에 대한 자각이다. 하나님은 언약 백성이 날마다 스스로를 돌아보아 죄를 분별하는 능력과 악으로부터 의로 돌이키는 순종의 자유 의지를 고양하도록 십계명(출20:1-17, 신5:1-21)을 율법의 정수로 선포하시고 몸과 마음에 새기도록 하셨다. 십계명에 두드러지는 부분은 "안식일을 기억하여 거룩하게 지키라"라는 안식일 계명(출20:8-11, 신5:12-15)을 하나님 섬김의 세 계명과 사람 섬김의 여섯 계명을 가름하는 네 번째 계명으로 세우셨다는 것이다.

첫 번째 계명부터 세 번째 계명까지 "나 외에 다른 신들을 두지 말고 너를 위하여 새긴 우상을 만들지 말며 네 하나님 여호와의 이름을 망령되게 부르지 말라"라는 말씀은 성전으로 나아오기까지 반드시 준행해야 할 언약 백성의 의의 법도를 가리킨다. 이에 합당한 하나님과의 안식 교제로 공의의 능력을 공급받아 "네 부모를 공경하라"라는 다섯 번째 계명에서 '살인과 간음과 도둑질, 그리고 이웃에 대한 거짓 증언'에 대한 계명을 거쳐 "네 이웃의 소유를 탐내지 말라"라는 열 번째 계명까지 산재한 죄악의 덫을 피할 수 있게 된다. 하나님은 정직한 섬김으로 안식일 성전에 나아온 언약 백성과 거룩한 안식 교제로 내적 탐심을 일으키는 모든 동적 행위를 억제하도록 도우셔서 다음 엿새 동안 부모와 형제 이웃을 공의(justice)로 섬길 영적 추진력을 갖추도록 하셨다.

십계명은 타락한 아담 이래 멀어졌던 하나님과의 관계 회복을 통하여 잃어버린 안식일을 기억하게 하고 거룩하게 지키게 하심으로 안식의 평안을 누리도록 도우시는 여호와 하나님의 의의 역사(works of righteousness)다. 엿새 동안의 하나님 중심의 삶과 일곱째 날의 안식 동행(walking with rest of one day of seven days)이라는 비대칭적 범주로 출발할지라도 종말의 시대 성령의 내주하심(*Indwelling* of the Holy Spirit)으로 날마다의 안식(daily rest)에 거하게 하시는 구속 언약이 교회의 지체들로 확증되고 있다.

시내산 언약

여호와는 하나님 안식이 악을 몰아내는 선한 싸움에 있음을 가나안 땅의 정복을 앞둔 이스라엘로 깨우쳐 알게 하고자 시내산에서 율법을 선포하시고 언약을 맺으셨다. 시내산 언약은 율법 언약이다. 이스라엘 백성이 하나님의 말씀과 계명을 따르며 이방의 신들을 쫓지 않는다면 여호와 이름(출23:21)과 위엄(27절)의 사자(말벌로 비유되기도 함; 출23:28, 신7:20, 수24:12 참조)가 그들 앞에서 죄로 관영한 가나안 족속들을 차례로 쫓아내어(출29-30) 그 땅을 이스라엘의 기업으로 주실 것을 언약하셨다.

시내산에서 율법(출20-23장)을 받은 모세는 산 아래 제단을 쌓고 이스라엘 열두 지파를 상징하는 열두 기둥을 세워 하나님께 번제와 화목제를 드리게 한 다음 희생 제물의 피의 반을 제단에 뿌리고 율법의 언약서를 백성 앞에 낭독하게 하였다. 이에 하나님의 모든 말씀을 준행할 것을 맹세하자 나머지 반의 피를 제단 아래 백성에게 뿌림으로 하나님과 이스라엘 사이에 '땅의 정복'을 향한 언약 관계가 발효되었음을 '언약의 피(the blood of the covenant; 출24:8)'로 증거하였다. 언약서로 맺은 피의 언약은 가나안 땅에서의 여호와 구속 사역이 율법을 매개로 이스라엘에 역사할 것을 예표하고 있다.

시내산 언약을 아브라함 언약과 비교할 때 두드러진 차이점은 율법의 조건이다. 아브라함 언약은 하나님이 '사람의 번창'을 약속하실 때 별도의 조건이 없었다. 이에 반해 시내산 언약은 '땅의 정복'을 목표로 율법 조항으로 명시되어 있다. 아브라함 후손으로 애굽에서 '사람의 번창'을 이루는 언약 사역은 하나님의 독자적 일하심이었다. 그러나 가나안에서 번창한 언약 백성으로 '땅의 정복'을 이루어 가시는 구속 여정에는 악의 장애물들이 곳곳에 포진하고 있으므로, 날마다 죄와 허물을 되돌아보아 하나님 의의 군사 된 자의 길에서 벗어나지 않도록 영적 싸움이 요구되었다. 하나님의 선한 싸움에서 승리를 쟁취하기 위한 영적 기틀을 구축하고자 시내산에서 율법이 선포되었으며 언약서의 준행을 통해 영적 군사력을 도움받고자 하나님 제단과 이스라엘 백성에 '언약의 피'가 뿌려진 것이다.

제단과 열두 기둥 간 언약의 피는 하늘에 예비되어 있는 새 언약의 피(눅22:20, 고전11:25)로 장차 결실을 보게 될 것이다(렘31:31-34, 히9:15-28 참조).

의의 심판과 열매

출애굽 둘째 해 둘째 달 스무날, 시내 광야에서 젖과 꿀이 흐르는 가나안 땅으로 출발한(민10:11-12) 이스라엘 백성이 바란 광야에 당도하기까지 율법의 준행을 조건으로 한 시내산 언약을 이내 잊어버리고 악한 말로 하나님과 모세를 원망하자, 하나님은 여호와 이름으로 그들의 불법을 심판하셨다.

여호와 하나님은 모든 행위와 은밀한 일을 선악 간에 심판하신다(전12:14). 이스라엘 백성에게 진노하심은 시내산 언약 파기의 적대적 행보에 따른 보응의 차원을 넘어 지속적인 악행이 창조 질서 회복과 완성을 향한 하나님 구속 사역에 걸림돌이므로 비가역적 의의 심판(judgment of irreversible righteousness)으로 선을 드러내신 것이다. 택하신 민족을 생명의 땅으로 인도하시는 구원의 은혜가 곧 조건 없는 영생에 대한 언약적 보증이 아니라는 가르침(느13:4-27 참고)은 의로우신 진노로 축복의 땅에서 언약 백성에게 선고되는 피의 심판을 통해 입증되었다. '죄를 죄로 깨닫게 하여 구원으로 인도한다'라는 율법의 행동 강령은 면죄의 예외적 부분을 일체 배제한다. 죄악을 이기고 사망에서 생명으로 인도할 의인이 지상에 단 한 명도 없으므로 하늘에 속한 죄가 전혀 없으신 분의 선의 역사(works of goodness)를 소망하며 간구하도록 하셨다. 십자가 대속으로 구원의 의를 온 천하에 열매 맺게 하는 중간 숙주의 사명을 짊어지고자 이스라엘 백성이 선악의 제단 아래로 먼저 부름받은 것이다.

여호와 하나님은 선지자 이사야를 통해 공의가 광야(wildness)에 의가 아름다운 밭(fruitful field)에 터를 잡을 때 구원의 백성이 화평한 집이요 안전한 거처며 평온한 안식처에서 영원토록 쉼을 누리는 복을 말씀하셨다(사32:16, 18). 의의 열매(히브리어 마아세: effect, work, fruit)가 화평이요 의의 결과(히브리어 아보다: work, service, result, effect)가 영원한 평안과 안전인 것(17절)을 분명히 보이셨다.

언약에 따른 의의 심판은 타락으로 깨어진 안식의 교제를 회복하고 완성하여[히브리어 샬람(명사형 어근 샬롬: peace): complete] 의의 열매를 맺도록 하시는 하나님 구속의 필연적 공의다. 종말에 십자가 새 언약의 피를 오직 믿음의 인방과 설주에 바르고(출12:23 참고) 순결과 진리의 누룩 없는 부활의 성전과 연합한 교회들(고전5:8 참조)에게 두 번째 죽음을 유월하여(계2:11, 참조 계20:6, 14; 21:8) 의의 열매인 영생의 나라로 들어갈 영적 출애굽을 예비하기 위함이다.

언약의 증거(창9:12)가 새 언약을 통해 원시 명령이 완전히 성취될 새 하늘과 새 땅(사65:17; 66:22, 벧후3:13, 계22:1)에서 영원한 언약(an everlasting covenant; 창17:13, 19, 겔37:26)으로 확증될 날, 평강의 하나님(히13:20, 살전5:23)이 하나님의 씨(the Spirit of Christ; 요일3:9)가 내주하는(to dwell in) 하나님께로부터 난 자들로 의의 열매(빌1:11, 약3:18)를 거두실 것이다. 모세와 선지자들의 글을 통해 약속하신 화평의 언약(a covenant of peace; 민25:12, 사54:10, 겔34:25; 37:26, 말2:5)이 영원한 안식(히4:7-9 참조)으로 역사하는 하나님의 새 나라가 온 땅 위에 공식 출범하는 미증유의 날이다.

언약 갱신과 은혜 언약

사람의 구원을 창조 이전 삼위 하나님이 설계해 놓으셨을지라도 하나님 구속의 실질적 역사는 타락으로부터다. 창조와 타락에 관한 구별은 사람을 에덴동산에 두신 하나님의 뜻을 구속의 언약이 아닌 창조의 안식에서 찾아야 할 당위성을 재차 확인시켜 준다. 하나님 형상으로 창조된 사람은 본래 신탁의 일꾼(창2:15 참조)으로 지음받아 창조의 목적인 화평의 나라를 상속받기로 예정된 자들이었다(눅12:31-32, 약2:5, 벧1:4). 그러나 전적 타락의 결과 하나님 신탁의 일을 온전히 수행할 수 없는 위기 상황에 처하게 되자, 하나님은 원시 명령을 언약으로 갱신하셔서 선하신 도우심의 공조 체제로 전환하셨다.

언약으로의 갱신(renewal to covenant)은 하나님 도우심의 주권적 발로다. 하나님은 대홍수 이후 또다시 온 땅이 죄악으로 관영할지라도 의(righteousness)를 심판(judgment)이 아닌 긍휼과 자비로 드러내어 세상 끝날까지 예정하신 모든 영혼을 죄악의 구덩이에서 건져 올린다는 구원의 청사진으로 활의 언약(창9:9-17)을 계시하셨다. 아브라함의 씨로 하나님의 선하신 '사람의 번창'을 일으켜 모든 민족에게 구원의 소망을 품게 하신 아브라함 언약(창17:1-2 참조)과 번창한 이스라엘 후손을 언약 백성으로 삼아 율법의 언약서(출24:7)로 구원의 행보를 내딛게 하신 시내산 언약은 죄악의 온갖 장애물에도 불구하고 원시 명령의 성취를 향하여 순항하고 있음을 증거한 하나님 구속사의 공의의 표적들이다.

전적 타락으로 하나님의 길에서 멀어진 원시 명령의 신탁 매개자들을 율법으로 소환하여 여호와 이름(I AM WHO I AM)의 동행(walking with)으로 도우시는 하나님의 은혜가 이스라엘 위에 언약으로 부어졌다. 이러한 "은혜 언약"은 새 언약(렘31:31, 눅22:20, 고전11:25, 고후3:6, 히8:8, 13; 9:15; 12:24)의 영적 할례자들이 하나님 권속의 동일한 시민(엡2:12-19)과 자녀들이 되기(롬8:15, 엡1:5)까지 믿음의 의(righteousness of faith)로 택함을 입은 자들을 공의로 연단하시는 구속의 특별하신 사랑이다(롬5:4-8 참조). 순종과 섬김으로 구원의 좁은 문(마7:13-14, 눅13:24)으로 들어가 오직 믿음의 새 계명(요13:34, 요일2:7-8, 요이1:5-6)으로 그리스도와 연합한 백성들이 성령 내주(Indwelling of the Holy Spirit of Son with God)의 은혜 가운데 영원히 거하실 하나님의 성소로 완성되어 갈 것이다.

가나안 정탐

하나님 여호와는 이스라엘을 약속의 땅 가나안으로 들이기 전에 모세에게 열두 지파의 수령들로 하여금 그 땅의 거민과 성읍과 토지를 정탐하고 올 것을 바란 광야에서 지시하셨다. 거민이 강하고 큰지 약하고 작은지 성읍은 진영인지 산성인지 토지가 비옥한지 메마르고 황량한지를 탐지하고 돌아와 백성들에게 전하도록 하셨다(민 13:17-20). 사십 일 동안의 정탐으로 강하고 장대한 족속과 견고하며 하늘에 닿을 듯 매우 높은 산성과 포도와 석류와 무화과로 가득한 젖과 꿀의 옥토를 눈과 귀로 보고 들었다. 이스라엘의 군사력으로는 도저히 불가능한 가나안 정복이 동행하시는 여호와 이름의 권능에 의지하여 이루어질 것이라는 언약에 대한 믿음을 시험하고자 하셨다. 출애굽의 구원을 목격하고 하나님의 법을 준행할 것을 맹세한 언약 백성이 가나안의 악들을 차례로 제압하실 하나님의 작전 명령을 순종으로 수행하는 실존적 동역자임을 확증받는 선결 과제가 사십 일의 가나안 정탐이었다.

갈렙과 여호수아를 제외한 열 지파의 수령들은 단지 자신의 눈과 귀로 보고 들은 것에 압도되어 하나님의 언약을 망각한 채 비옥한 토지를 차지하고자 가나안으로 들어갔다가 강하고 장대한 거민과 그들이 쌓은 높은 산성 앞에서 패망할 뿐이라는 절망감을 이스라엘 백성에게 심어 주었다(신1:28). 이에 반해 갈렙과 여호수아는 가나안 정복이 스스로의 힘과 능력으로는 불가항력인 것을 확인함으로써 오히려 여호와의 이름의 권능의 동행으로 반드시 성취될 것이라는 보이지 않는 믿음의 실상(히11:1)을 증거하였다. 악한 가나안 족속들을 쫓아내시고(신9:4-5) 이스라엘이 건축하지 아니한 견고한 성읍들과 심지 아니한 나무의 열매들을 수고(labor)도 아니하고 거주지와 음식물로 값없이 내어 주실(신6:10-11, 수24:13) 여호와 하나님만을 의지하고 따를 것을 촉구하였다(민14:6-9).

이스라엘 백성들은 갈렙과 여호수아의 보고 내용에 믿음의 결속력을 보이기보다 열 지파 수령들의 자조적 낙담에 선동되어 모세와 하나님을 원망하였다. 이스라엘 백성의 불신과 반역을 예견하고도 가나안 정탐의 과제를 맡기신 것은 정복 전쟁의 승리를 위해서는 애굽의 종과 같은 무분별이 아니라 언약 백성에 합당한 믿음의 갑옷(히브리어 쉬르욘: 호심경)을 갖춘 군사들이 요구된다는 사실을 인식시키기 위함이었다(사59:17, 엡6:11, 벧전4:1 참고).

가나안의 사십 일 정탐에서 하나님의 시험에 실패한 이스라엘 백성에게 마침내 일 일을 일 년으로 환산한 사십 년의 광야 학교가 개설되었다. 가나안 정탐의 결과 출애굽 세대들의 연약한 믿음으로는 가나안 땅의 정복 사역이 난관에 봉착하게 될 것이 자명하므로 하나님의 모든 명령을 지켜 행할 장성한 율법의 세대들로 언약하신 가나안 땅을 차지하도록 광야 사십 년의 길을 걷게 하셨다(신8:1-2).

율법의 법복

　가나안은 아브라함의 언약(창15:18)이 성취되는 약속의 땅으로 에덴동산에서 아담에게 주셨던 안식을 에덴동산 밖 번창한 이스라엘 후손들에게 회복시켜 영원한 기업이 되게 하시는 하나님의 거룩한 지경이다(수1:13, 15). 에덴동산이 추방당한 죄인으로 결코 돌아갈 수 없는(창3:24) 안식의 성역이라면 가나안 땅은 죄인의 신분으로 들어가 공의의 안식을 찾아 가는 회복의 공간이다.

　동산 밖은 아담과 하와로부터의 죄의 유출로 저주의 땅이 되었다. 가나안 족속들의 땅 역시 예외가 아니므로 에덴동산의 안식을 회복할 거룩한 지경으로 구별하기 위해서는 축복의 땅으로의 용도 변경이 요구되는 상황이었다. 하나님은 죄에 속한 이들 부부를 에덴동산에서 내쫓으신 것처럼 죄악이 만연한 가나안 족속들을 가나안에서 몰아내시고 이스라엘 백성으로 안식을 회복하도록 동행하실 것을 언약하셨다. 사실 가나안 족속의 추방에 동일한 죄인의 모습으로 이스라엘이 쓰임받을 수는 없다. 가나안을 본거지로 땅의 완전한 정복을 향한 선한 싸움에는 마땅히 그에 어울리는 의의 군사들이 동원되어야 할 것이다. 시내산 광야의 훈련 과정을 거쳤으나 여전히 죄에 속한 이스라엘을 가나안 정복의 공의의 병기로 세우는 최상의 방책은 율법의 법복을 입히는 것이다. '땅의 정복' 사역을 마치기까지 내면의 악은 중단 없이 죄로 드러나게 하면서 외부로부터 악의 유입을 효과적으로 차단하는 기능성 의복인 율법은 섬김과 순종의 정직한 (히브리어 야사르: upright, truthful) 인격을 구축하여 악한 세력과 능히 맞서도록 재단된 하나님 공의의 법복이다.

죄인을 의의 군사로 세우시는 하나님 일은 이스라엘 백성에게 율법의 법복으로 죄를 깨닫게 하여 공의를 행하도록 인도하시는 분이 여호와 하나님이심을 이방의 뭇 백성들로 알게 하시고 의의 길을 가고자 하는 어느 민족 누구에게든지 '칭의'의 옷으로 흠이 없는 (blameless) 인격체로 만들어 가시는 구속 역사다.

제사 의식과 제사장의 antitype

아담은 모든 피조물의 대표 자격으로 창조 세계의 질서를 온전히 유지하며 땅끝까지 안식을 확장하여야 할 본분을 원시 명령으로 부여받았으나 금단의 선악과를 먹어 죄의 포자를 퍼뜨림으로 생태계의 상생의 선한 질서를 공멸의 대결 구도로 변질시켰다. 이로 말미암아 '사람의 번창'이 하나님의 명령과는 반대로 피조 세계의 혼돈을 가중시키는 결과를 초래하였으며 더욱이 창조주에 맞서는 적대적 모습을 스스럼없이 연출하기에 이르자 아브라함을 의의 씨앗으로 심어 번창한 공의의 후손들로 원시 명령을 바르게 수행하도록 죄악을 감추는 대속의 제사 의식을 율법 규례로 치르게 하셨다. 그리고 가나안 땅에서 율법이 내면의 악을 죄로 끄집어낼 때마다 흠이 없는 생축의 속죄 제물(sin offerings; 레4:2, 13, 22, 27)과 속건 제물(guilt offerings; 레5:15)로 죄의 형벌을 면하게 하시고 감사의 화목 예물(peace offerings of thanksgiving)로 진노를 긍휼로 돌이켜 여호와의 길에 동참하도록 제의를 주관할 제사장을 세우셨다.

율법의 제사 의식과 제사장은 하나님의 한 의로 원시 명령을 성취할 종말의 십자가와 믿음의 의의 옷으로 하나님 구원을 공의로 증거할 새 언약의 일꾼들에 대한 antitype(예표)이다. 여호와 하나님은 죄를 범할 때마다 제사장으로 제단에 올리는 땅에 속한 대속 제물로는 잃어버린 창조의 안식을 온전히 회복할 수 없다는 인식(cognition)과 하늘에 속한 완전한 의의 제물만이 죄들을 박멸하여 영생의 안식에 이르게 할 것이라는 의식(consciousness)을 성전의 제의와 제사장으로 체득하도록 하셨다.

영원한 대속 제물의 십자가 언약의 피를 받아 왕 같은 제사장들(벧전2:9, 참조 계1:6; 5:10)로 새롭게 직분을 입은 새 언약 일꾼들이 호흡하는 모든 피조물과 화평하며 영광의 찬미로 올려 드릴 축복의 씨앗의 완전한 열매는 하나님의 선한 형상(the good image of God)으로 지으신 지고한 섭리의 궁극적 외현이다. 율법의 제사 의식과 제사장은 이를 구속적으로 상징하는 antitype이었다.

안식 절기

　동산 밖으로의 안식의 박탈은 히브리어 "아바드"를 중심으로 고찰한 바와 같이 온 땅 위에 씨 맺는 모든 채소와 나무의 열매를 축복의 음식(히브리어 오클라: 먹을거리, 태우는 것)으로 받았음에도(창1:29) 말씀에 불순종하여 엉겅퀴와 가시덤불이 가득한 저주의 땅에서 얼굴에 땀을 흘리며 먹을거리를 직접 생산해야 하는 노역자(3:17-19, 23)로의 전락이었다.

　여호와 하나님은 에덴동산의 생명의 떡이 동산 밖의 생존의 소산물로 대체된 노동 환경에서 원시 명령을 감당할 여력이 없는 언약 백성을 안식의 터로 거룩하게 하신 가나안으로 인도하시고 안식 계명으로 재충전의 기회를 제공하셔서 다시금 구속의 역사에 동참하도록 하셨다. 타락으로 인한 노역 중에도 생존의 목적이 생명의 안식에 있다는 것을 일깨우고자 노동의 일상에 마디로 안식의 날(출20:10)과 해(레25:4)를 두셨다. 안식 절기는 안식일에서 안식년, 희년으로의 확장을 통해 악을 점차적으로 퇴출시키는 '땅의 정복' 사역에 선한 능력을 지속적으로 발휘하도록 도우시는 축복성 강화 프로그램이다.

창조의 선에서 발흥한 하나님 안식의 일은 신음과 고통의 노역 중에도 형제와 이웃 나아가 가축에 이르기까지 공의의 선을 행하게 하심으로(출23:4-5, 신22:1-4, 마12:11-12, 막3:4-5, 눅6:9-10; 13:15; 14:3-5) 생명의 영역을 확장해 간다. 선한 행위는 하나님께 나아가는 자들이 자발적으로 실천해야 할 순종의 의(롬6:16 참조)로 제단의 희생 제물로는 불가한 참 기쁨으로 흠향하실 최상의 예물이다.

안식 절기 동안 '노동을 중단하라'라는 여호와의 명령은 안식 절기의 제의를 통해 죄의 형벌을 면제하시는(to release) 은총을 가나안 땅 이스라엘 백성에게 베푸심으로 장차 영원한 대속의 예물로 일체의 죄를 면죄하실(to forgive) 안식일의 주(마12:8, 막2:28, 눅6:5)를 소망하며 요청하도록 이끄시는 율법의 종말 계시다.

땅의 안식년 빚의 면제년

여호와께서 시내산에서 율법을 선포하시고 가나안 땅에 안식의 절기를 세우신 궁극은 전적 타락으로 어질러진 피조물의 질서를 바로잡아 완전한 화평(히브리어 샬롬, 헬라어 에이레네: peace)을 새 하늘과 새 땅에 영원토록 실현하시는 것이다. 칠 일마다 사람을 노동으로부터 분리시키는(히브리어 바달: devide, discern) 안식일을 시작으로 경작의 소출이 아닌 안식의 소출을 한 해 동안 하늘 음식으로 내어 주시는 '땅의 안식년(a year of rest for the land; 레25:5)'을 매 칠 년의 절기로 정하셨다. '여섯 해 동안 파종하여 소출을 거둔 땅을 일곱째 해에 안식하게 하라'라는 여호와의 명령은 죄책의 노동에 쉼 없이 생존의 소산물을 내어 준 그 땅으로 한 해 동안 쉬어 안식하게 함으로써, 경작하지 아니한 안식 땅의 소산을 모든 생물에게 은혜의 음식을 내어 주시는 여호와의 안식일(a sabbath to the Lord; 4절)에 참여하는 해(2-7절)이다. 안식년 안식은 지속적 생존 경쟁으로 한쪽으로 치우친 질서의 부조화를 조화로운 균형의 상태로 되돌리고자 죄의 형벌인 노동의 면제를 안식일의 일 일에서 안식년의 일 년으로 확장하시는 하나님 구속의 해에 순종으로 동참하는 것이다.

사람(히브리어 아담: man)을 땅의 흙(히브리어 아파르: dust)으로 빚었다는 말씀(창2:7; 3:19)과 아담의 죄로 땅(히브리어 아다마: ground)이 저주 아래 놓이게 되었다는 말씀(3:17)은 곧 사람에 대한 하나님의 축복 또는 저주가 그대로 땅에 투사된다는 당위성을 제시한다. 하나님이 사람에 대한 궁극적 면죄의 시작점을 땅의 안식으로 정하신 근거다. 여호와께서는 땅의 안식년을 '면제년(the year of Jehovah's release; 신15:9; 31:10)'으로 선포하셨다. 안식의 열매가 무한으로 제공되는 에덴동산에 비할 바는 아니나 기업으로 주신 땅에서 지난 육 년 동안 치열한 생존 경쟁에서 빚진 자로 내몰려 갚을 여력이 없는 가난한 형제와 이웃에게 일곱째 해 '면제년'에 빚을 면하여 주는(to grant a remission of debts) 섬김의 이스라엘에게 이방을 채무자와 속국으로 다스리는 복으로 화답하실 것을 약속하셨다(15:1-6). 안식년에 면제의 규례를 세우신 하나님은 분배의 불균형으로 인한 고난의 여정에 쉼의 터와 안식의 음식과 쉼의 터를 기꺼이 내어 주셨다.

하나님은 은혜의 걸림돌이 의사에 반하는 부득이한 빈부 차이의 발생이 아니라 빈부 차별을 약자의 몫으로 돌려 면제를 거부하는 완악한 탐욕이라는 것을 알게 하셨다(신15:7-9). '땅의 안식년'으로부터 '빚의 면제년'을 요청하심으로 언약 백성에게 하나님께로 향하는 안식의 길이 공동체의 형제와 이웃에게 나눔의 섬김으로 곁을 내어 주는 낮은 행보 안에서 목격하도록 인도하신 것이다. 목숨을 재촉하는 재물의 욕심을 내려놓고 생명의 성찬에 함께 참여하도록 봉사자의 자세를 묵묵히 견지하는 자들에게 죄의 빚을 청산하실(to forgive the debt of sin) 안식의 주(계7:17; 21:6 참고)를 소망하여 날마다 한 걸음씩 나아가도록 가나안을 면제의 땅으로 축복하셨다.

희년, 해방의 해

율법으로 정한 성대한 안식 절기로 희년(the fiftieth year; 레25:8-55)이 있다. 희년의 히브리어 "요벨"은 영어 음역 "쥬빌레(Jubilee)"로 숫양의 뿔이나 뿔로 만든 나팔을 뜻한다. 일곱 안식년 칠 월 십일 속죄일에 희년을 알리는 나팔 소리는 가난하게 되어 팔게 된 기업의 토지를 가까운 친족의 무르기(redemption)나 자신의 변제(refunding)로 되찾지 못한 채 오십 번째 해를 맞이하는 형제에게 조건 없이 빚을 탕감하여 기업의 땅을 되돌려 주고(히브리어 슈브: recover) 토지 없이 이웃의 밭에서 종처럼 생활하던 가나안 땅의 모든 거민을 가족의 품으로 돌려보내는(히브리어 슈브: return) 면제년의 확장된 '해방의 해(10절)'를 선포하는 복음의 시그널이다.

희년의 메시지는 창조주의 땅에 거류하는 자(히브리어 게르: stranger, alien)이며 동거하는 자(히브리어 토샤브: sojourner)의 토지소유권은 하나님께 있다는 말씀(레25:23)의 구현이다. 기업으로 분배받은 땅에서 수

확물을 거둘지라도 하나님 앞에서는 다 같은 소작농에 불과하므로 하나님 여호와는 생존을 위해 한시적 기업으로 주신 토지가 매매에 의한 재산 축적의 도구로 전용되어 세습 등의 불균형으로 인한 차별적 환경이 대물림되지 않도록 희년의 회복 역사(working)로 조율하셨다.

가나안 땅에서 일곱째 날 안식일을 노동의 면제일로 시작하신 하나님은 일곱 번째 해 안식년을 '빚의 면제년(the year of release)'으로 확대하시고 일곱 번째 안식년 다음 해 희년을 빚과 빚진 자로부터 자유하게 하는 '해방의 해'로 공포하게 하심으로(you shall proclaim liberty throughout all the land to all its inhabitants, it shall be a Jubilee for you: ESV) 하나님 안식의 모형적 절기가 종말의 원형으로 구현되도록 구속의 역사를 점진적으로 확장하셨다. 타락으로 훼손된 천지 만물의 질서를 안식일 안식년 희년의 구속 절기로 회복하셔서 절대 선을 건국 이념으로 하는 영원한 화평의 나라(the Kingdom of a perpetual peace)를 건설하시는 안식의 주를 따라 열방의 모든 민족이 구원의 문으로 돌이키도록 하심이라.

에덴의 밥상에서 성령의 잔칫상까지

　에덴동산에서 아담과 하와에게 생활 준칙을 정해 주신(창2:17-19) 하나님은 그들과 후손이 먹을 양식을 무상으로 내어 주셨다. 동산은 보기에도 아름답고 먹기 좋은 각종 나무의 탐스러운 열매들이 사방에 차고 넘치는 과일 천국이었다. 창조하신 땅과 구별하여 생명의 동산을 창설하시고 하나님 형상을 두신 것은 하나님이 친히 거룩한 에덴의 밥상을 차리시는 동안(2:9, 16) 온전히 원시 명령에 전념하도록 하기 위함이다. 따라서 동산의 일과에 에너지 공급을 위한 별도의 노동 시간은 편성되어 있지 않았다. 땅과 하늘의 모든 생물이 하나님의 자연 밥상에서 조화로운 공존의 안식(rest of harmonious coexistence)을 누리기까지 일차적 과업인 '사람의 번창'에 매진하도록 천혜의 환경을 에덴동산에 조성하셨다.

　에덴동산의 안식 지경 확장 사역에 신탁으로 동원된 아담과 하와의 첫 임무는 하나님의 밥상을 일손으로 가득 채우는 것이었다. 그러나 선악의 열매(창2:17)를 먹어 영혼이 마귀에 침탈당함으로 첫 후손도 보지 못한 채 에덴의 밥상에서 쫓겨나게 되었다. 하나님을 대적하는 타락한 천사(벧후2:4, 유1:6) 곧 마귀(Satan)로부터 발원한 악(evil)이 아담과 하와에게 죄의 일로 유출된 것이다(요일3:8 참조). 선악의 지식을 습득한 대가는 에덴동산의 생명 음식(food of life)과 안식(rest)에서 동산 밖의 생존 먹거리(eating for survival)와 노역(hard work)으로의 참담한 내몰림이었다(창3:16-24).

에덴의 자연 밥상을 통한 원시 명령의 섬김이 동산 밖에서 사람이 손수 차려야 하는 경제 밥상에 가로막혀 원활한 이행이 어렵게 되었다. 여호와께서는 언약의 땅 가나안에서 안식 절기 동안 에덴동산에 버금가는 밥상을 한시적으로 베푸시고 일체의 생존 노동(labor for survival)을 금하셨다. 타락 이후 창조 생명의 회복을 언약하신 안식의 날에 생존을 위한 노동 행위를 하는 것은 죽음의 심판(출35:2, 민15:32-36)에 대한 유예를 스스로 포기하는 멸망 행위이다.

에덴동산의 음식 수칙을 위반한 아담과 하와의 후손들에게 안식 절기의 노동 중단과 음식 공급은 속죄와 화목의 의례에 참여하는 죄인들을 생명의 길로 이끌어 주시는 하나님의 거룩한 의의 행사다. 속죄(히브리어 코페르: atonement)의 희생 제물과 화목(히브리어 샬와: rest, peace, security, prosperity)의 감사 예물로 죄를 덮어 가리시고 안식의 빗장을 뽑으셔서 빈부의 차이, 직분의 고하를 막론하고 하늘 음식을 공평하게 내어 주셨다. 땅과 땅의 모든 소출이 하나님께 속한 것임을 안식 절기 은혜의 밥상으로 알게 하셔서 무르기(redemption)와 면제(release)의 규례에 순종으로 화답하도록 하셨다.

안식 절기 동안 화목의 떡을 떼도록 차려 주신 하나님의 거룩한 밥상은 생존의 노동에서 생명의 안식으로 회귀하는 지혜를 얻기 위한 자양분 공급(잠9:4-6)을 구약적 목표로 삼고 있다. 율법의 옛 언약이 성취됨으로 새 언약의 주 그리스도의 살과 피가 영생의 떡과 잔의 성찬(holy food; 막14:22-23, 눅22:19-20, 고전10:16; 11:23-25)임을 깨닫게 하셔서 종말의 날들에 오직 하나님 나라와 의의 수저를 든 자들에게 일용할 떡과 잔을 내어 주시는(마6:9-13, 25-33, 눅11:2-4, 12:22-31 참조) 성령의 잔칫상에 궁극의 산 소망(a living hope; 벧전1:3)을 두게 하셨다.

에덴과 안식 절기의 하늘 양식은 마지막 아담(롬5:14, 고전15:45)의 성령의 진설병이 차려지기까지의 애피타이저로 족할 것이다.

율법의 속죄와 그리스도의 죄 사함

여호와 하나님이 이스라엘에 명령하신 안식 절기의 노동 중단은 단순한 일의 그침이 아니다. 아담과 하와의 불의한 탐심(창3:6-7)에서 발원한 내면의 악이 율법의 법복으로 죄로 판명될 때 흠 없는 생축에 죄를 전가시켜 여호와의 번제 단에 불살라 버리는 속전의 의식을 행하기 위함이다.

속전(ransom)의 히브리어 "코페르"는 덮다, 가리다를 가리키는 "카파르"의 명사형으로 언약 백성이 지은 죄를 감추지(히브리어 카사: conceal, hide) 않고 여호와 앞에 속량물(redeem)로 내어 버릴(히브리어 샬라크: cast away, forsake) 때마다 피와 기름으로 진노의 심판을 유월하시고 죄의 불법을 덮어(to cover up iniquity of sin and pass over judgment of wrath) 면죄하시는(레4:30-31, 34-35 참조) 동일한 제의의 반복적 속죄의 삯을 일컫는다.

해마다 제사장으로 반복하여 드리는 율법의 속죄(atonement)는 죄를 지을 때마다 죄의 형벌을 속전으로 대신하는 일회성 사면(one-time pardon which can never take away sins; 히10:11)에 불과하므로 하나님의 완전한 '죄 사함'이 아니다. 하나님은 단 한 번의 정결 의식으로 죄와 불법을 더 이상 기억조차 아니 하시는 영원한 제사(10:12)를 찾으신다. 이를 위한 필연적 통과 의례가 하나님의 도우심에 전적 의지(total dependency)를 표명하는 순종의 낮아짐이다. 하나님이 속죄의 제의에 담은 뜻은 속량물 그 자체가 아니라 속죄 의식을 통한 순종의 속전(ransom of obedience)을 들여다보고자 함이었다. 순종만이 장차 영속적 '죄 사함'을 위한 참제물인 까닭이다. 여호와 하나님은 순종의 속전으로 율법의 법복마저 헤치고 나오는 내면의 죄악들을 제압하시고 나아가 마음 밭에 뿌려진 악의 씨앗까지 발본하여 선한 생명력을 회복시키는 영원한 '죄 사함'의 제의를 공의의 공법 집행(public judicial execution of justice)으로 예비해 놓으셨다.

하나님은 마귀의 악한 권세를 무장 해제시켜 구속의 여정에 마침표를 찍고자 하나님의 한 의를 이 땅에 보내셨다. 그리스도로 명명된 하나님 아들이다. 성육신하신 땅에서의 공생애는 마귀의 사망 청구권(욥1:6-12 참조)을 소멸시킬 새 언약의 피를 십자가 제단에 뿌리기 위한 예정된 준비 작업이었다. 죄인들의 모든 죄를 죄가 없으신 육신에 전가시켜 십자가 피 흘리심으로 사망의 권세자들의 고발 창구를 철거해 버리셨다. 대신 죄로부터 돌이켜 회개한 자들에게

단 한 번의 십자가 제물로 죄의 삯을 일시에(렘31:34, 슥3:9, 히8:12; 10:12-18) 치르신 '영속의 죄 사함(the indefinite forgiveness of sins; 시79:8, 사64:9 참조)'이 복음의 선물로 전달되었다.

지난날 죄의 주인 노릇 하던 마귀가 그리스도의 죄 사함으로 패퇴하여 사망의 권세를 상실하였음에도 여전히 복병전으로 맞서고 있다. 인자의 선한 밭에 몰래 가라지를 뿌려 불법으로 넘어지게 하는 전략으로 좋은 씨앗의 생장을 멈추게 하려는 악한 세력의 도발(마13:38-42 참고)에 하나님 독생자는 의롭다 하심의 법적 선언으로 '칭의'의 갑옷을 입은 영적 군사들 안에(in) 성령으로 역사하셔서 세상 끝날까지 가라지를 흩뿌리고 다니는 원수들의 숨통을 조여 가실 것이다.

아담과 하와의 타락으로 실패한 부부의 하나 됨(창2:24)은 그리스도의 죄 사함으로 선한 행실의 신부 예복을 예비한 구원 백성들이 다시 오실 의의 신랑과의 혼인 잔치로 완전한 한 몸을 이루게 될 것이다(계19:7-8, 참고 사54:5-7).

안식의 예물, 순종

하나님 안식은 창조의 일곱째 안식일을 기점으로 천지 만물의 창조 질서로 흘러든다. 하나님은 에덴동산을 안식의 텃밭으로 창설하시고 생명의 음식을 차고 넘치게 내어 주심으로 땅 위의 모든 생물이 원시 명령의 성취로 영생의 안식에 거하도록 안식 계획을 세우셨다. 아담은 원시 명령의 메신저로 에덴동산에서 생명의 첫 열매를 먹으며 선한 안식의 영역을 날마다 넓혀 가는 안식의 일(창2:15)을 축복으로 받았다.

안식의 일은 온 땅을 안식의 통치 질서로 다스리는 하나님 나라 건설이다. 여호와께서는 타락을 계기로 가나안 땅에서 이스라엘 백성이 안식 절기마다 화목 제물(peace offering)을 가지고 성전으로 나아오도록 원시 명령을 언약으로 세부 조율하셨다. 화목 제물로 바치는 곡식과 가축은 각자의 형편에 따라 드리는 규례의 예물(히브리어 코르반: offering; 레7:12-18)로 감사제(thanksgiving offering)와 서

원제(vow offering), 자원제(freewill offering)를 통해 하나님이 궁극으로 받고자 하신 것은 말씀을 들음, 곧 순종(히브리어 샤마: hearing, obedience)이다(삼상15:22, 시40:6-8; 전5:1, 렘7:22-23, 참고 사1:13-20). 성별하여 드려진 순종의 음식을 성전에서 먹게 하여 안식의 일을 능히 감당할 힘을 공급하심으로 타락으로 기반이 흔들린 창조 질서를 회복하여 가신다.

타락 이후 순종은 하나님 언약에 대한 전적 의지(total dependency)를 표방한다. 비록 선을 행하기를 원할지라도 육신이 연약하여 도리어 악을 행하는 죄인임을 고백하며(롬7:18-25 참조) 언약의 말씀을 듣고 의지할 때(when sinners listen to and depend on the words of covenant) 여호와께서 율법의 법복으로 선한 행실을 알게 하셔서 구원과 의의 길을 가도록 이끌어 주신다.

아브라함을 갈대아 우르에서 불러내어 선한 '사람의 번창'을 약속하시고 모세를 떨기나무의 불꽃으로 인도하여 거룩한 '땅의 정복'을 약속하신 하나님 언약은 에덴동산에서 아담과 하와의 불순종으로 멀어진 안식 교제를 가나안에서 후손인 이스라엘 백성의 순종의 제사로 회복하여 가신다는 구속의 일의 계시이다. 가나안은 저주 아래 있던 온 땅이 지나가고(pass away, do away, depart) 새 하늘과 새 땅에서 선과 의와 진리(goodness and righteousness and truth)의 빛의 열매(엡5:9, 참조 엡4:24)로 안식의 완전한 통치 질서를 구현할 새 언약의 자녀들을 순종의 진흙으로 빚어 가시는 토기장이(렘18:4, 6 참조)의 물레다.

 타락한 중에도 날마다 때마다 성령의 안식 안에서 심령이 하나님의 부름에 항상 쓰임받고자 하는 믿음의 자세를 견지하며 살아가는 것은 창조 질서의 회복과 통치 질서의 완성을 향한 하나님 생명의 언약에 순종(헬라어 휘파코에: obedience)의 섬김을 증거하는 확실한 표식이다(롬15:14-18, 살후1:11-12, 히13:16-21 참고).

땅의 정복

하늘에 속한 국가 건설의 선결 과제인 '사람의 번창'이 홍수 이전처럼 또다시 악한 세력들의 죄의 도구로 전락하는 것을 바벨탑으로 목격하신 하나님은 아브라함 언약으로 후손을 애굽 땅 고센(창47:27)에서 번창케 하시고 율법의 언약서(출24:7)로 성별하셔서 거룩한 땅 가나안으로 동행하심으로 의도하신 '땅의 정복'의 기틀을 마련하셨다. 덧붙여 언약 백성에게 '땅의 정복' 사역 또한 하나님의 선의 역사(works of goodness)로부터 벗어나지 않도록 안식 절기의 보호 장치를 마련해 놓으셨다.

여호와께서 계획하신 '땅의 정복'은 언약 백성을 전쟁이나 기타 무력행사에 참여시킬지라도 이방의 땅을 불법으로 점령하여 큰 나라를 세우려는 제국주의적 침략이 아니다. 가나안 족속을 본토에서 몰아내신 일은 그들의 악행에 따른 공의(justice)의 심판(judgment)일 뿐이며 이스라엘 백성을 가나안 땅에 들이신 것 또한 이들의 의의 보상이 결코 아니다. 악으로 만연한 가나안 땅을 거룩한 언약의 땅으로 삼으시고 율법의 옷으로 죄를 가린 언약 백성을 정직과 선한 일(to do what is right and good; 신6:18-19)로 이끄셔서 땅에 속한 악한 세력들을 정복하여 가시는 하나님 구속의 의로우신 사역이다(신6:25 참고).

'땅의 정복'은 땅 위의 모든 생물을 하나님의 선한 통치 영역 아래 영원한 평안을 누리게 하는 목표를 향하여 점진적 언약으로 전개된다. 사람의 타락이 생명의 선한 질서를 깨뜨리고 서로를 적대적 대립 관계로 훼손시켰음에도 전능의 하나님은 흐트러진 질서를 재정비하여 온 땅의 모든 피조물이 상생의 조화 가운데 안식의 자유를 얻기까지 공의의 일꾼들로 하나님 나라 건설에 매진하도록 하신다. 이 작업은 천지창조 이전에 이미 삼위 하나님이 설계하신 구속의 계획에 따른 것이다. 원시 명령을 언약으로 갱신하셔서 여호와의 이름으로 마귀와의 영적 전쟁을 선포하시고 언약을 새 언약으로 확장하셔서 그리스도의 이름으로 최후의 항전으로 맞서는 마귀의 잔당들을 궤멸시키실 날, '땅의 정복'의 선한 싸움이 끝날 것이다. 언약과 새 언약으로 계승된 하나님의 원시 명령이 영원한 언약으로 승화될 때 만천하의 백성이 삼위 하나님의 진리와 화평(슥8:19)의 새 나라를 눈으로 확인하고 입으로 생생하게 증언할 것이다.

분배와 경계

　모세의 광야 시대를 거치는 동안 '사람의 번창'을 선하신 섭리로 이루신 하나님 여호와는 가나안에서 '땅의 정복' 사역의 선봉자로 모세의 후계자 여호수아를 세우셨다. 모세의 때 불기둥 구름 기둥으로 이스라엘 백성을 출애굽 하셨듯이 여호수아와 여호와의 군대 대장(the commander of the army of the Lord)으로 동행하셔서(수 5:13-15) 여리고 성을 비롯한 가나안의 아모리 족속 성읍들과 여러 족속의 성읍들을 차례로 무너뜨려 이스라엘의 손에 넘기셨다. 하나님은 요단 동편과 서편 가나안 땅을 이스라엘 열두 지파의 분깃으로 분배하여 경계를 정해 주심으로 '땅의 정복'을 향한 가나안 밖으로의 진격의 교두보를 확보하셨다.

　능히 감당할 만큼의 분깃을 분배받은 이스라엘 지파들이 우상들과 우상을 섬기는 가나안 족속의 남은 세력을 몰아내는 일의 사실 확인과는 별개로 하나님은 그들의 조상에게 언약하신 대로 가나안의 견고한 성읍들과 비옥한 토지의 산물들을 아무런 노동의 수고 없이 거저 내어 주시는 안식 은혜를 베푸셨다(수21:44; 22:4, 느9:25). 각각 분배받은 땅의 경계 안에서 맡은바 정복의 일에 온전히 집중할 수 있도록 주변의 해결 과제들을 대신하여 다 처리하신 하나님의 선행적 은혜이다.

하나님이 거룩하게 하신 가나안 분깃(레25:23, 호9:3, 욜2:18)은 '땅의 정복'이 근본 취지이므로 조상을 통해 지키게 하신 이웃의 경계표를 옮기는 행위(신19:14; 27:17, 욥24:2, 잠22:28; 23:10, 욜3:2)를 저주하셨으며 특히 이웃의 토지를 탐하여 불법으로 취득한 죄악을 죽음의 심판으로 갚으심을 나봇의 포도원(왕상21장)을 일례로 엄히 경고하셨다. 설혹 정당한 값으로 사고팔았더라도 형제와 이웃 간의 토지 거래는 사용권에 대한 한정적 소유일 뿐 영구적 재산권은 창조주께 있음을 안식 절기의 '면제년(신15:1, 9; 31:10)'과 '해방의 해(레25:10)'로 증거하셨다.

이처럼 분배와 경계는 언약의 땅에서의 사적 소유에 목적을 둔 토지 할당이 아니다. 타락으로 어그러진 안식 질서를 재정립하기 위한 여호와의 구속적 실현 방안이었다. 정결하게 하신 터를 기반으로 영적 전쟁을 능히 감당할 군사들에게 율법의 법복을 입힌 다음, 우상의 덫에 걸려든 어리석은 영혼들을 심판대로 끌고 나오는 마귀의 행악을 '죄 사함'의 성령의 전에서 영원히 분리시키는 최후의 일전(아마겟돈; 계16:16)을 치를 진지 구축과 방어벽을 향한 모형적 배치와 구획이었다.

 각 토지를 분깃으로 받은 지파별 가족 공동체는 분배와 경계의 하나님 섭리를 순종으로 따름이 곧 에덴동산의 안식 회복과 온 땅으로의 안식 확장, 그리고 모든 생물의 공존 안식에 이르기까지 원시 명령의 종말론적 완성의 척도임을 율법 언약으로 미루어 분별하여야 했다. 분배와 경계는 의의 성벽(a holy wall of righteousness)과 공의의 성문(a holy gate of justice) 형태의 새 예루살렘 성에서 전능하신 이와 어린 양의 성전 되심으로 구속적 영역의 소임을 마감하게 될 것이다(계21:10-21 참조).

사사와 왕의 구속사적 의의

여호와 하나님은 가나안 땅에서 전쟁을 치르지 않은 이스라엘 후손들이 '땅의 정복'의 선한 싸움을 성실하게 계승할 수 있는지 시험하고자 가나안 족속들을 곳곳에 남겨 놓으셨다(삿3:1-4). 가나안의 토지와 성읍과 풍성한 열매를 값없는 은혜로 받은 언약 백성이 가나안의 아들딸과 혼인하여 하나님을 잊어버리고 이방의 신들을 섬기며 배역을 행하자(3:6-7) 여호와의 도(히브리어 데레크: way, road)로 돌이키도록(히브리어 수르: to turn aside) 구원자 사사들(judges)을 보내셨다.

'사사기'는 여호와의 파심(히브리어 밈카르: selling, sale)—이스라엘의 부르짖음[히브리어 샤우아: a cry(for help)]—여호와의 무르심(히브리어 게울라: redemption)이라는 이스라엘의 죄악과 하나님의 돌이킴이 이백여 년 동안 반복된 기록이다. 사사 옷니엘(삿3:9)에서 사무엘의 두 아들 요엘과 아비야(삼상8:1-2)에 이르기까지 이스라엘의 언약 불이행에 침략과 수탈이라는 심판의 삶을 치르게 하셨다. 여호와의 선하고 의로운 길을 순종으로 따르는 것(12:23-24)만이 공중 권세 잡은 자들의 압제와 핍박에서 벗어나 구원의 안식에 이르는 진리의 길로 인도하기 위함이다.

사사 시대 언약 백성은 자신의 죄악들을 사사들의 연약함으로 덮어 가리고자 이방의 왕과 같은 강력한 왕의 부재를 문제 삼았다. 그러나 구원자 사사들을 대신할 세상 왕을 요구한 결정은 밀 베는 때 우레와 비를 보내심으로 여호와의 공분을 사는 죄악임을 자복하도록 하셨다(삼상12:17-19). 이스라엘 장로들이 세상 왕을 세워 줄 것을 요구하자 "그들이 (…중략…) 나를 버려 자기들의 왕이 되지 못하게 함이니라(8:7)"라고 선지자 사무엘에게 하신 말씀에는 출애굽을 이끄신 여호와 왕의 구원 능력에 대한 불신(삼상12:8-12 참조)으로는 종말의 하나님 나라에 들어가지 못할 것이라는 애증의 안타까움이 묻어 있다.

하나님은 '사사기' 동안 이스라엘 백성이 이방 국가의 지배 아래 고통의 나날을 보낸 문제적 원인이 결코 왕의 부재에 있지 않음을 왕조 시대를 통해 검증받도록 하셨다. 에덴동산에서의 추방처럼(창3:23-24) 이스라엘의 죄악으로 가나안 땅에서 쫓겨나고(왕하17:20; 24:14-16, 20) 열방의 땅으로 흩어지는(왕하17:6, 23; 18:11; 25:26, 대상5:26) 왕조의 붕괴를 교훈 삼아 참 평안이 세상 왕의 통치 능력의 부산물인지 만왕의 존폐까지 주관하는 여호와 '절대 선'의 통치 구현인지 분별하는 통찰력을 잃지 않도록 선지자들로 예언적 경고를

병행하셨다.

  하나님은 사사 시대 이전 족장 아브라함의 한 씨앗으로 왕을 세울 것을 예고하셨다(창17:6, 16). 다만 이스라엘 장로들의 요청으로 가나안 땅에 세워지게 된 왕들은 아브라함의 아들 이새를 모형으로 한 구원과 의의 왕이 하늘 성전에서 임하기까지의 변방의 섭정왕 신분에 불과함을 '왕의 자격 요건(신17:14-20)'으로 주지시키셨다. 열방을 강력한 힘으로 지배할 세상 왕을 기대한 이스라엘 백성에게 '왕의 제도(삼상8:10-18)'를 통해 애굽의 종살이와 유사한 노역을 가나안에서 다시 떠올리게 될 것을 경고하신 것이다. 한편으로 선정을 베푼 몇 안 되는 왕들조차도 악행에서 자유롭지 못한 불완전한 존재에 불과하다는 자각과 땅에 속한 어떤 왕도 오실 전능 왕의 구속의 마침에 아무런 영향력도 행사할 수 없는 나약한 존재일 뿐이라는 자조가 구원의 소망으로 승화되도록 도우셨다.

미완의 다윗 왕조

하나님은 이스라엘 백성에게 왕조의 시대를 열어 주셨으나 그들이 택한 왕으로 말미암아 부르짖는 날에 응답하지 않을 것을 경고하셨다(삼상8:18, 참고 삼상12:12-17). 여호와를 대신할 세상 왕으로 베냐민 지파 사울이 추대 되었으나(11:15)백성이 두려워 여호와의 말씀을 어기고 그들의 말을 청종하는(삼상15:24, 참조 삼상15:30) 배역 행위로, 여호와께서도 버림(삼상15:23, 26; 참조 28:6)과 패전의 사망(31:6)으로 사울을 이스라엘 왕 직에서 끌어내리셨다. 하나님 손에 든 이방의 회초리와 채찍(삼하7:14, 욥9:34, 시89:32-34, 겔7:10-11, 미5:1)을 멈추게 할 방도는 모든 민족 위에 군림할 강력한 제왕의 등장이 아니라 여호와께로 돌이켜 그의 도(the good and the right way)를 따르는 순종뿐임을 사울 일가의 비극적 종말로 알게 하셨다. 하나님은 이스라엘이 요구한 사울 왕을 폐하시고 하나님의 뜻에 합한 자(삼상13:14; 16:7)며 구속 여정에 순종으로 동참할 자로 유다 지파 이새의 아들 다윗을 언약의 왕으로 세우셨다(삼하5:3, 12).

하나님의 동행하심으로 우상의 적들을 몰아내고 명실공히 이스라엘의 왕이 된 다윗은 지난날 이방의 땅을 전전하였던 언약궤 보좌를 예루살렘 성에 두기 위해 성전을 짓고자 하였으나 통일 왕조를 이루는 과정에서 손에 피를 묻힌 죄의 얼룩으로 그의 아들 솔로몬에게 성전 건축이 허락되었다(왕상5:5; 6:11-12; 8:18-21). 솔로몬 왕은 예루살렘 성 안에 이스라엘의 하나님 여호와의 이름으로 성전을 완공하여 언약궤를 지성소로 들인 후 성전 제단 앞에서 이스라엘의 온 회중과 더불어 전심으로 여호와의 법도와 율례를 지켜 선한 길을 가고자 기도와 간구의 예물을 드렸다. 이를 흠향하신 하나님이 솔로몬에게 지혜와 복을 차고 넘치게 채우시니 원시 명령과 언약으로 세워지는 하나님 나라가 가나안 땅에 곧 임할 것처럼 보였다. 번성한 이스라엘이 마침내 가나안 땅에서 부흥의 통일 왕조를 이룬 까닭이다. 그러나 솔로몬 왕이 이방의 딸들과 통혼하며 가증한 신들을 섬겨 여호와를 떠나자 하나님 진노의 이방 회초리로 다윗의 통일 왕조는 남과 북으로 분열되고 말았다(왕상12:1-20 참조). 북이스라엘은 앗수르의 혼혈 정책(왕하17:23-24; 18:11)으로 언약 백성의 '씨'가 끊어지고 남유다는 바벨론의 이주 정책(24:15-16)으로 언약 백성이 흩어지는(왕하25:26 참고) 참담한 파국을 겪게 함으로써, 악의 근원을 완전히 제거하지 못한 다윗 왕조로는 '땅의 정복'의 완전한 하나님 나라를 이룰 수 없다는 진리를 깨닫는 회개의 시간이 새 언약의 때까지 선지자들의 경고로 주어졌다.

하나님이 택하시고 성별하신 언약의 '백성'과 '땅'과 '통치'로도 하나님 나라를 대신할 수 없었던 다윗 왕조의 몰락은 타락 이전 '흠 없음'으로의 회복이 하나님 나라의 필수 요건이라는 구속의 성격과 죄가 전혀 없으신 신인격의 왕만이 인간의 모든 죄를 사하고 영원한 화평의 나라를 건국할 것이라는 구속의 권능에 대한 예언적 묵시였다.

미완의 다윗 왕조를 세부적으로 하나씩 짚어 보자. '백성'이다. 하나님은 아브라함과의 언약으로 이스라엘을 택하시고 율법으로 죄를 드러내어 거룩한 백성으로 새롭게 하고자 하셨다. 그러나 이스라엘 백성의 언약 준행과는 달리 반복적으로 여호와의 도를 따르지 않은 결과(시78:37) 부르심에 합당한 구원 백성에 이르지 못하였다(사1:4, 렘11:10, 호5:5, 슥9:7 참고). 다음으로 '땅'이다. 가나안을 거룩한 분깃으로 기업이 되게 하였음에도 계속하여 부정(히브리어 토에바: the things which the LORD hates)과 불법(히브리어 아온: iniquity)을 땅에 흘려보냄으로(창4:10-11 참고) 땅의 회복력을 저하시키자 안식의 터로 확정되기까지(사13:9; 24:3-5 참고) 이스라엘을 흩으셨다(사24:1). 그리고 '통치권'이다. 여호와의 왕 되심을 거부하고 죄성을 지닌 불완전한 왕에 의탁함으로써 마침내 이방의 손에 통치권이 이양되었다. 다윗 왕이 하나님의 신탁으로 신성의 통일 제국을 건설하였다고는 하나 전적 타락한 육신으로 율법의 연약함(롬8:3, 히7:18, 참고 히10:1)에 매여 있는 동안에는 여호와 이름의 전능의 다스림은 요원할 것이다.

다윗 왕조가 거룩한 땅에서 언약 백성과 기름부음 받은 왕의 통치로 건설되었으나 하나님 나라의 모형물에 불과하였던 것은 완전한 '죄 사함'이라는 전제 조건이 충족되지 않은 연고다. 언약과 율법의 한계를 여실히 보여 준 다윗 왕조는 새 언약(눅22:20, 고전11:26)으로의 갱신을 예고하였다. 새 언약(헬라어 카이노스 디아데케: the new covenant)은 율법 아래 희생 제물의 '언약의 피(출24:8, 히9:19-20)'가 아닌 십자가 위 그리스도의 '언약의 피(슥9:11, 히13:20, 참고 히10:29)'로 맺어졌다. 원시 명령을 갱신하여 언약 백성으로 세운 다윗 왕조는 새 언약의 '죄 사함'으로 지금 바로 여기 구원 백성으로 이 땅에 세워져 가는 하나님 나라의 '이미지 메이킹' 역할을 충실히 수행하였다.

이스라엘의 조상들에게 약속하신 언약의 '씨(창17:4-6, 롬14:13, 16, 갈3:16)'가 만왕의 왕이요 만주의 주의 마지막 열매를 맺어 호흡하는 모든 생물 위에 '절대 선'으로 통치하는 날, 세상의 모든 죄를 담아 십자가로 파쇄하신 성자의 토기를 무흠하고 완전한(blameless and perfect) 성령의 토기로 다시 빚어 성도의 선한 행실을 가득 채우실 토기장이(렘18:3-11 참조)의 구속 여정은 끝마치게 될 것이다.

첫 언약의 복음 계시

노아의 대홍수와 바벨탑 사건에서 보듯 아담의 타락 이후 '사람의 번창'은 하나님의 선하신 창조 목적에서 벗어나 죄의 집단적 발발의 불쏘시개가 되기 일쑤였다. 여호와 하나님은 아브라함 언약의 도우심으로 사백 년 동안 애굽의 고센에서 이스라엘 장정들을 지파 별로 번창케 하시고(민1:1-4, 20-46) 가나안에서 안식할 거주지와 음식물을 무상으로 제공하시며(신6:10-11, 수24:13 참조) 여호와의 선한 군사로 자라 가도록 말씀과 계명을 손목과 미간에 표징과 기호로 삼아 가르쳐 지키도록 명하셨다(신6:6-8; 11:18-19; 32:46). 지난날 죄의식으로 내재하여 있던 부정한 것들을 죄로 규명하여 여호와의 제단 숯불 위로 던지게 한 율법의 첫 언약(히8:7; 9:1, 15, 18)은 죄를 기억도 아니 하실 이의 더 좋은 언약(a better covenant: 7:22; 8:6)을 기약하며 공의의 태도를 견지하도록 초등 교사로서의 구속적 복음을 감당하였다.

언약 백성이 다윗 왕국의 분열과 바벨론의 유배 생활 그리고 헬라와 로마의 식민지 지배를 겪는 가운데 첫 언약으로 걸친 '율법의 옷'은 죄와 사망에서 돌이켜 구원과 의로 나아갈 것을 강권할지라도 육신의 연약함에 '구원의 의복'과 '의의 겉옷(사61:10)'을 대체할 힘과 능력은 갖추지 못하였다. 하지만 죄인을 의인으로 칭하여 의의 법적 효력을 부여하실 권능자의 오심을 요청하도록 한 계도자 역할(the role of guard till Christ is to come; 참조 갈3:24)에는 부족함이 없었다.

　첫 언약으로 시내산에 계시된 율법의 의는 하늘에 속한 하나님의 의(롬1:17; 3:21 참조)의 십자가 성취로 '믿음의 의'에 길을 내어 줄 것이다. 그때 율법 언약의 백성 가운데 손으로 하지 아니한 할례(골2:11)를 받아 새 언약(a new covenant = a better covenant) 일꾼(고후3:6, 참조 롬7:6) 된 자들은 하나님의 전신 갑주(the whole armor of God; 엡6:13)를 취하게 될 것이다. 율법의 첫 언약은 율법 이전 아브라함 언약의 '믿음의 의(창15:6)'를 이루기 위한 복음 계시(롬4:11-13; 10:4)였다.

3
구원의 빛으로

세례 요한의 물세례

 타락으로 생존의 노역(labor for survival)이 부과된 형국에도 원시 명령을 언약으로 갱신하신 하나님은 가나안 땅에서의 '노동의 그침'과 이방의 땅으로의 '흩으심'이 안식 회복과 확장의 구속 사역인 것을 모세와 선지자들로 증거하셨다. 율법 언약의 완전하지 않음(faultiness; 히8:7)과 연약 무용(weakness and uselessness; 롬8:3, 갈4:9, 히7:18)으로 여전히 죄의 종이었던 언약 백성에게 날마다 생명의 쉼을 누리게 하실(마11:28-29, 히4:9-10, 계14:13) 새 언약 중보자(the mediator of a new covenant; 히9:15)의 성령 세례를 준비하기 위해 선지자 중 가장 큰 자요 마지막 선지자인 세례 요한(마11:11, 15; 눅7:28)으로 광야의 물세례(baptism with water)를 베풀도록 하셨다(요1:31).

 하나님은 선지자 세례 요한을 엘리야의 심령과 능력(the spirit and power of Elijah; 눅1:16)으로 앞서 보내어 주의 길을 선포하도록 하셨다(말4:5). 요한의 사역은 하나님 안식이 에덴동산에서 광야 성막과 예루살렘 성전을 거쳐 그리스도의 성령 안에서 역사할 날이 가까우니 예루살렘과 온 유대와 요단강 사방으로부터 나아오는 자들이 자신의 죄를 자복하는 가운데 물세례로 죄의 길에서 돌이켜 주의 길을 따르도록 하는 것이었다(마3:1-6, 막1:4-5, 눅3:4-6, 요1:23). 세례 요한의 물세례는 그리스도께서 죽으시고 부활하시고 승천하심으로 죄를 영원히 사할 성령과 불세례(마3:11, 막1:8, 눅3:16, 요1:33, 행1:5)를 받게 하는 회개의 세례(a baptism of repentance for the forgiveness of sins; 막1:4, 눅3:3)다.

　세례 요한의 광야 복음은 자신의 죄를 자복하는 자들에게 물세례를 베푸는 것이었다. 물세례를 받은 자들이 죄 사함의 회개(repentance for the forgiveness of sins)로 이끄실 하나님의 도우심을 구하도록 하기 위함이다. 하나님의 도우심은 죄악을 드러낸 '율법의 옷'이 벗겨지고 그리스도로 옷 입도록(to put on Christ; 갈3:27) 하는 회개의 역사다. 아브라함을 통해 그의 후손들이 대대로 기억하여 지키도록 할례로 육체에 새긴 언약의 표징이 언약의 사자(the messenger of the covenant; 말3:1)인 그리스도의 할례(골2:11), 곧 성령 세례(baptism with the Holy Spirit)로 마음과 영혼에 영원한 언약으로 확정되도록 하는 보조적 역할과 기능의 세례 요한 물세례다.

율법 언약에서 새 언약으로

　의와 공의(righteousness and justice)의 선하신 언약이 원시 명령의 궁극적 실현에 있음을 노아와 그의 아들들에게 증거하신 하나님(창9:8-17)은 아브라함과 이삭과 야곱의 계보로 첫 언약의 계시적 내용들(15:18-21; 17:2-8; 26:3-4; 28:13-15; 35:11-12)을 기억하게 하여 계승하도록 하셨다. 출애굽 때 모세와의 동행으로 보이신 이적과 기사는 이스라엘 민족과 열방에게 하나님 언약이 여호와 이름의 구속사인 것을 예시하는 하나님 섭리다.

　모든 민족 가운데 가장 미미한[the fewest(least, smallest) of all the nations] 이스라엘 백성(신7:6-7 참조)과 '언약서'와 '언약의 피'로 율법 언약을 세우셨다는 사실은 장차 하나님 나라가 크고 강한 민족들의 권세와 능력으로 만들어지는 것이 아니라 여호와의 도를 따르고자 하나님 앞에 무릎을 꿇은 자들에게 축복의 궁극적 선물로 베풀어지는 것임을 증거하기 위함이다. 율법은 성별된 백성조차 하나님 의를 공의로 드러낼 '의의 옷'을 스스로 입을 능력과 자격이 없다는 것을 깨닫게 하는 반면교사의 역할을 담당하였다. 하나님이 아브라함의 할례의 후손과 율법의 언약을 맺으신 것은 오직 육체에 새긴 할례가 구원의 징표임을 최종적으로 밝히기 위함이 아니다. 아브라함이 할례의 표를 받은 것은 율법 이전 무할례 시에 '믿음의 의'를 인친 것이다(롬4:11, 갈3:6, 약2:23). 이는 율법 할례에 속한 후손들을 모형으로 삼아 종말의 때 율법을 완성하신 분을 믿는 '믿음의 의'로 할례를 받는 백성들로 세상의 상속자가 되게 하신 것이다(롬4:13-16).

언약은 사람의 손으로 성취해야 할 원시 명령에 대한 하나님 도우심이다. 하나님은 첫 아담의 죄로 훼손된 만물의 창조 질서를 의로 회복시켜 공의의 통치 질서가 역사하도록 원시 명령을 율법 언약으로 갱신하셔서 이방의 가나안을 약속의 땅으로, 야곱의 후손들을 이스라엘의 언약 백성으로 재편성하셨다. 종말에 첫 아담을 대신하여 마지막 아담을 새 언약의 중보자(히7:22; 8:6; 9:15; 12:24)와 그리스도 이름의 보혜사 성령(the Helper, the Holy Spirit)으로 보내셔서(요14:26; 15:26) 원시 명령이 땅끝까지 실현되도록 안식의 일을 중단하지 않으실 것이다.

마지막 아담으로 오신 예수는 새 부대에 새 포도주를 담듯이(마9:17) 유다와 이스라엘 집과 맺은 새 언약(히8:8)에 따라 유대인이나 헬라인, 할례 파나 무할례 파, 야만인이나 종이나 자유인이나 구별 없이 오직 믿음으로 새사람을 입은(엡4:23-24, 골3:10-11 참조; 고후3:6

참고) 약속의 자녀들(롬9:7-8, 갈4:28)에게 하나님의 장막인 거룩한 성새 예루살렘(계21:2)을 상속하게 하고자 죽으신 지 삼 일 만에 성전의 몸(요2:21, 참조 계21:22)으로 부활하셨다.

예루살렘 성전에서 그리스도 교회로

　언약의 증거를 처음 목격한 노아와 믿음으로 언약 계시의 환상을 본 아브라함에게 말씀하신 하나님의 영원한 언약(창9:16; 17:7, 13, 19)이 '땅의 정복'의 마침(창1:28 참조)으로 성취되는 구속 여정은 그 동안 하나님 보좌가 안식의 처소가 아닌 안식의 일의 사역 현장이었음을 증거한다.

　광야의 이동형 성막에서 언약 백성과 동행하시며 가나안 땅을 정복하신 하나님은 예루살렘 성전으로 옮기신 후에도 안식 회복의 일들을 계속하셨다. 예루살렘 성전 역시 광야의 회막과 마찬가지로 사람의 손으로 지은 이른바 영속적 안식처가 아니므로 의와 구원의 성취 이후 하나님이 영원히 거하실 손으로 짓지 않은 생명의 성전이 다윗 '씨(요7:42)'의 첫 열매(헬라어 아파르케: firstfruits; 고전15:20, 23)로 세워지게 될 것이다.

하나님은 속된 제물과 거짓 맹세로 하나님 안식을 도둑질하는 강도의 소굴(렘7:11, 마21:13, 막11:17, 눅19:46, 요2:16)로 전락한 지 오래된 예루살렘 성전을 대신할 하늘의 새 성전을 땅에 세우고자 하나님의 '한 의(롬3:21)'를 메시아로 보내셨다. 십자가 언약의 피로 성전을 허무시고(마24:2, 막13:2, 눅21:6) 부활의 몸으로 성전 삼으신 예수 그리스도다.

할례와 무할례, 율법과 양심에 따른 모든 죄의 판단들(롬2:12-15, 고전4:4-5; 8:8-12)을 십자가로 폐하시고(마26:28, 막14:24 참고) 부활 승천하신 예수는 오직 믿음으로 연합한 누구나 그의 육신을 그리스도 성령의 전(고전3:16; 6:19, 고후6:16)으로 삼아 하나님이 영원히 거하실 처소를 지어 가신다. 이름하여 그리스도 교회다. 종말의 날들에 회개의 성령 세례(a baptism of Holy Spirit of repentance)로 '죄 사함'을 입은 교회와 지체들이 떡과 잔의 성찬에 날마다 참여하며 의와 구원의 선한 능력을 받아 그리스도 몸의 성전에 보와 기둥으로 자라 가는 것이다. 교회의 머리(엡1:22; 5:23, 골1:18) 되시는 그리스도는 성령의 전인 교회들에 내주하시며 *(to dwell in)* 종말의 구원 역사를 완성하여 가신다.

그리스도 교회의 지체들은 아브라함이 하나님 말씀에 순종하여 믿음으로 의로 여김을 받았듯이 고난 가운데 인내와 믿음으로 하나님의 의의 증거를 받아(살후1:4-5) 영원한 안식의 혼인 잔치에 신부의 예복으로 단장하여 구주 신랑 예수를 영접함으로 마침내 완전한 한 몸을 이룰 것이다(엡5:31-32, 참조 창 2:24).

　권세와 능력으로(골2:10) 생명과 경건(life and godliness)에 속한 모든 것들(벧후1:4)을 교회 지체들의 분량대로 공급하심으로(엡4:16, 골2:19) 그리스도의 교회의 머리와 성도의 교회의 몸이 하나로 합하여 새 성전으로 완성되는 날, 하늘로부터 내려오는 새 예루살렘 성에는 그 어떤 성전 건물도 보이지 않을 것이다. 주 하나님 곧 전능하신 이와 어린 양이 성전이신 연고다(계21:22).

율법 행위의 빚 믿음의 의

'일을 아니 할지라도 경건하지 아니한 자를 의롭다 하시는 그리스도를 믿는 자에게는 그의 믿음을 의로 간주하신다(롬4:5; to the one who does not work but believes in Christ who justifies the ungodly, his faith is counted as righteousness: ESV)'라는 사도 바울의 복음은 일한 것이 없이 하나님께 의로 여김을 받는 사람의 의의 복에 대한 가르침이다. 하나님의 '칭의(헬라어 디카이오시스: justification)'가 율법 이전 무할례자의 아브라함 믿음에서 시작되었음을 할례의 언약 백성으로 상기시켜 율법의 일(works of the law)을 알지 못한 무할례자들도 그들과 구별 없이 오직 그리스도를 믿는 믿음 안에서 '칭의'의 수혜자 반열에 오를 수 있음을 전파하였다(9-12절). 언약 백성의 율법의 일이 하나님 '칭의'의 기준이 될 수 없었던 것은 타락으로 인한 범법으로 율법이 존재하므로(5절) 율법 준행의 품삯이 은혜로 여김 받는 것이 아니라 죄책의 빚(debt of liability for crime)으로 간주되는 까닭이다(4절). 언약 백성의 할례의 표는 무할례 시에 아브라함의 믿음의 의(righteousness of faith)를 인친 것(11절)으로 의롭다 하심을 얻는 것이 율법의 행위가 아니라 구원의 주로 역사하신 이를 믿는 믿음에 있음을 확정하는 증거의 예표였다(갈2:16 참조).

하나님은 죄가 전혀 없으신(perfect) 아들을 죄 있는 육신의 모양(the likeness of sinful flesh; 롬8:3)으로 보내셔서 죄에 대한 율법의 의로운 요구를 십자가 대속으로 완전히 지불하시고 율법을 파하셨다. 할례와 무할례 차별 없이 믿는 모든 자에게 의를 이루기 위하여 율법의 마침이 되신 그리스도(Christ is the end of the law for righteousness to everyone who believes; 10:4)와 더불어 믿음의 법(a law of faith; 3:27)으로 율법과 양심의 죄의 멍에(롬2:12-15 참조)를 벗기시고 '칭의'의 새 언약 일꾼을 세우신 것이다. 오직 믿음의 복음으로 하나님 자녀의 영광의 자유(the freedom of the glory of the children of God)에 이르도록(롬8:21) 하시는 하나님의 구원 능력(1:16)이다.

하나님이 율법의 의로운 요구를 연약한 육신이 충족시킬 능력이 없음을 미리 아심에도 이스라엘을 언약 백성으로 택하시고 율법으로 구속 언약을 약속하신 것은 율법을 통한 죄의 깨달음(롬3:20)이 없다면 죄의 고백도 없을 것이고 죄의 고백 없이 '죄 사함'을 위한 회개의 종말적 구속사로의 이행도 없기 때문이다. 율법 행함을 빛의 탕감으로 교훈한 초등 학문이 없었다면 그리스도로 믿음의 의를 계시하심(21절)도 그를 따르는 육신의 정욕과 탐심을 십자가에 매달게 하심(갈5:24)도 없었을 것이며 그리스도의 고난에 참여하는 거듭남으로 죄를 그치게 하심(벧전4:1)도 종말의 끝날 영원한 안식으로 부활하게 하시는 구속 역사의 마침도 없을 것이다.

그리스도의 안식의 일

옛적에 예루살렘 모리아 산(대하3:1)에 제단을 쌓고 독자 이삭을 번제로 바칠 것을 명하자 순종으로 섬겼던 아브라함에게 이삭을 대신할 숫양을 희생 제물로 내어 주신 하나님은 아브라함의 '믿음의 의'를 이어받을 후손들에게 독생자 예수를 십자가 제단 위 영원한 대속 제물로 바치셨다. 여호와 이레("The Lord will provide"; 창22:14)의 종말 성취다. 이스라엘과 동행하시는 동안 여호와 이름(I AM WHO I AM)의 권능으로 안식의 일(works of rest)을 진행하신 하나님은 그리스도의 성육신과 공생애로 안식의 일이 이스라엘에서 모든 열방으로 확대되었음을 선포하시고 부활로 확고히 하셨다. 하늘에 속한 대제사장 직분의 마지막 아담(고전:15:45)으로 임하신 그리스도는 최종 심판의 날 단 한 사람도 부인할 수 없도록 '죄 사함'의 제물로 십자가에 달리시고 삼 일 만에 성전의 몸으로 부활하셔서 구원과 심판의 주가 되셨다(요5:26-29).

하나님은 종말의 날에 첫 아담의 생령(a living being)이 아닌 마지막 아담의 살려 주는 영(a life-giving spirit; 고전15:45)으로 세운 '칭의'의 교회들로 날마다(day by day) 안식의 일을 행하신다. 제아무리 외양을 율법으로 회칠할지라도(마23:27 참조) 그리스도 예수 안에 있는 생명의 성령의 법이 죄와 사망의 법으로부터 해방하는 구원의 역사(롬8:2)를 부인하는 한 헛된 믿음의 바벨탑을 쌓을 뿐이다.

'내 아버지께서 이제까지(until now) 일하시니 나도 일한다(요5:17)'라는 예수의 안식일 섬김은 율법의 안식 절기를 날마다의 안식일로 확장하신 하나님이 아들을 안식일의 주인(lord of the Sabbath; 마12:8, 막2:28, 눅6:5)으로 세우셔서 '죄 사함'과 '칭의'의 구원의 일을 행하고 계심을 증거하신 것이다. 창조 이후 아버지 하나님의 안식의 일은 타락 이후 언약의 구속사(the redemptive history of covenant)로 중단 없이 진행되어 왔었다. 죄의 멍에로 살 소망을 잃고 방황하는 영혼에 새 생명을 불어넣어 줄 더 큰 안식의 일을 종말에 아들과 그리스도의 교회들(the churches of Christ)로 나타내 보이셨다(요5:19-20 참조). 하나님 형상으로 흠 없이(blameless) 지음받은 첫 아담의 죄로 모든 사람을 사망에 빠뜨리게 하신(롬5:12) 아버지의 진노를 십자가로 대속한(계18:20) 아들에게 심판의 공의를 맡기시고(요5:22) 이를 믿음으로 믿는 누구에게나 하나님의 의가 나타나 구원의 생명을 얻게 하셨다(롬1:16-17, 참조 고후5:21).

안식일의 주를 믿고 따르는 모든 성도에게 의를 나타내시고 또한 의롭다 하셔서 선한 일(a good work)을 행하게 하시는 하나님(빌1:6)은 종말의 끝날 의로운 행실(the righteous deeds)로 재단된 빛나고 깨끗한 신부의 예복으로 신랑을 영접할 어린 양의 혼인 잔치를 영광 가운데 베푸실 것이다(계19:7-8 참조). 안식의 일의 마침이 되는 하늘나라의 유월절까지 새 포도주의 영원한 성만찬을 미루어 두신 (마26:29, 막14:25, 눅22:16, 참고 눅14:15-16; 22:29-30) 다시 오실 어린 양 예수 그리스도다.

종말의 왕과 대제사장

하나님은 가나안 땅 시온의 보좌를 이방의 잡신들에게 내어 주는 이스라엘의 배역 행위가 극에 달하자 선지자들로 경고하신 대로 맹렬한 진노로 동산처럼 성소를 훼파하시고 절기와 안식일을 잊어버리게 하시고 왕과 제사장을 거부하시며 제단을 버리셨다(애2:6-7). 반역죄를 물어 언약 백성을 가나안 밖 이방의 땅으로 흩으시고 예루살렘 성전을 대신하여 회당(헬라어 쉬나고게: synagogue)을 곳곳에 세우셨다. 하나님의 구원 안식이 성전의 율법적 제물이 아니라 회당의 여호와 말씀 앞에 자신의 죄를 자복하며 충심으로 통회하는 마음(시34:18, 사57:15; 66:2)에 있음을 식민지 고난의 역경으로 종말의 날을 예비하도록 하셨다.

시온성의 성벽과 성소를 허무셨다는 것은 곧 하나님이 세우신 왕의 신탁의 지위와 제사장의 제사 직을 박탈하셨다는 의미다. 다윗왕조의 타락의 막장에는 왕실과 성소, 왕과 제사장이 더 이상 필요치 않았다. 기름부음을 받았음에도 언약 백성을 죄로부터 돌이키게 할 다스림과 섬김에 실패를 거듭함으로써 하나님 진노의 심판을 은혜의 구원으로 맞바꿀 절대적 권능의 의인이 사람의 손으로 지은 왕궁과 성전이 아닌 하늘 처소에서 임재하실 날이 머지않았다는 현시적 시그널이었다.

   죄로부터의 구속의 역사가 땅끝까지 실현되기를 갈망하는 믿음의 간구와 기도가 하늘에 상달되어 하늘로부터 하나님의 한 의가 종말의 왕과 대제사장으로 땅에 임하셨다. 솔로몬 이후 남북 왕들의 이방 산당 분향과 예루살렘 성전 마당까지 점령한 우상의 제단들(왕하 21:3-5), 레위인 계열을 파괴한 왕의 제사장 겸직(왕상12:33; 13:1-4)과 비레위인 계통의 제사장직 남용(13:33) 등으로 본유적 제단과 제의 기능을 상실한 성전을 대신하여 보혜사 성령의 전을 땅끝까지 세워 가신다(엡2:20-22 참조).

삼위일체의 역사

하나님은 천지 만물의 창조에 뜻을 두신 날부터 창조의 목적을 이루시는 그날까지 본체(the Noumena)와 말씀(the Word)과 영(the Spirit)의 세 위격으로 일하신다(창1장, 요1:1-4, 요일1:1-2 참조). 새 예루살렘 성읍에서 하나님의 자녀들이 호흡하는 모든 피조물과 더불어 영원한 화평을 누리기까지 성부 하나님과 성자의 말씀(the Word became flesh of the only Son from the Father; 요1:14 참고), 성부와 성자의 성령(요1:33; the One on whom the Spirit descends and remains will baptize with the Holy Spirit, 롬8:9-11 참조)으로 역사하시는 성 삼위일체이시다.

창조주 하나님이 말씀하신 그대로 만물이 지어졌다는(God said, it was so) 창세기 1장의 창조 역사는 전능하신 성부 하나님 한 분(히브리어 엘; *sg*)이 아닌 세 위격(히브리어 엘로힘; *pl*)의 협의와 합력에 의한 창조와 창조 질서의 구축이 있었음을 보여 준다(창1:26 참조). 이는 창조로부터의 하나님 나라가 이른바 설계자와 건축자, 시행자 삼위의 주권적 일체로 건설될 것이며 하나님 형상의 일꾼들이 맡은 바 작업의 분량을 순종으로 섬기는 가운데 점진적으로 완공될 것을 태초부터 말씀으로 계시하신 것이다.

여섯째 날 동안 창조의 말씀이 신탁의 언어 형태(linguistic form of a divine message)로 전환되었다는 최초의 시그널이 원시 명령이다. 첫 아담의 타락을 기화로 원시 명령의 전달 체계가 약속의 언약 계시로 갱신되었다. 창조의 말씀과 안식의 일을 원시 명령으로 담아내셨던 성부 하나님은 마지막 아담으로 오신 성자의 십자가 대속과 부활로 새 언약의 첫 열매(고전15:20-23)를 맺게 하셨고 또 다른 보혜사 그리스도 성령의 내주하심(Indwelling; 요14:16-17, 20 참조)으로 구원의 열매들을 수확하기까지 구속 인자들(redemption factors)을 성 삼위 안에서 일체로 지니고 계셨다.

삼위일체의 구속 역사는 전적 타락으로 인한 악으로의 일탈에서 시원적 선으로의 회귀다. 삼위는 악의 흐름을 선으로 되돌리기 위한 하나님 섭리가 낮아지심과 인격적 만남과 도우심의 세 위격으로 역사하신 것이고 일체는 저마다의 세 위격이 고유의 신성으로 종말의 마지막까지 합심으로 일하시는 구속의 성격을 반영하고 있다. 삼위로 임하시고 일체로 일하시는 하나님의 구속사는 실상 아담의 타락 이전 창조의 일곱째 날 이후의 실질적 안식의 일이었다. 창조의 목적이 원시 명령으로 계시되고 구속 언약으로 구현되는 삼위일체의 역사는 종말의 때 새 언약 일꾼(고후3:6)의 새 성전 교회들로 영생의 안식에 근접한 상황이다.

보혜사 성부와 또 다른 보혜사 성자 그리고 두 위격의 보혜사로부터의 성령(the Holy Spirit from the Helper and another Helper)께서 종말의 구속 역사를 일체로 천하 만민에게 드러내 보일 그것은 바로 하나님 나라의 영원한 화평이다.

보혜사와 또 다른 보혜사

　하나님은 사람이 땅 위에 번성하던 노아 시절 타락한 육신으로 죄악도 '사람의 번창'만큼이나 가득하게 되자 백이십 년 동안 사람과 변론하지 않고 기다리신 후 홍수로 역사할 것을 하나님 영(the Spirit of God; 창1:2)으로 예고하셨다(창6:3; 13-14 참조). 하나님 영은 홍수 이후 모세의 사역(민11:17, 25)에서 메시아 그리스도의 잉태(마1:18, 20)와 요단강 세례(마3:16, 막1:10, 요1:32), 광야 사십일(마4:1, 막1:12, 눅4:1) 그리고 오순절, 그리스도의 성령 강림(행2:1-4)에 이르기까지 이스라엘에 보혜사(헬라어 파라클레토스: the Helper)로 역사하셨다. 오순절 성령 강림을 기준으로 하나님 영과 그리스도 성령(the Holy Spirit of Christ)에 대해 성경적 지식이 요구되는 것은 예수께서 마지막 유월절을 앞두고 제자들에게 성령과 관련하여 말씀하실 때 하나님 아버지께서 아들의 이름으로 보내실 진리의 영(the Spirit of truth; 요14:16-17, 26; 15:26; 16:13)을 또 다른 보혜사(another Helper; 14:16)로 지칭하셨기 때문이다. 오순절까지 보혜사 영으로 일하신 하나님이 오순절 성령 강림으로 또 다른 보혜사 그리스도 성령 안에서(in) 그리스도와 더불어 역사하고 계신다는 증거다(롬8:9-11).

보혜사 하나님의 영은 타락 이후 이스라엘의 역사에서 하나님 일을 감당할 직분으로 부름받은 자들 위에 개별적 한시적 조력자로 역사하셨다. 지도자 모세와 칠십 장로들(민11:17, 25), 브살렐과 오홀리압을 비롯한 지혜의 영을 받은 성전 사역자들(출28:3; 31:2-6; 35:31; 36:1-2), 모세의 후계자 여호수아(신34:9)와 사사들(삿3:10; 6:34; 11:29; 14:6, 19; 15:14), 왕 사울(삼상10:10; 16:14; 19:23)과 다윗(삼상16:13, 시51:11), 선지자들(사48:16, 겔36:26-27, 미3:8, 슥7:12), 세례 요한(눅1:15) 등이 대표적이다. 개별적 역사는 열방 가운데 이스라엘의 몇몇을 중심으로 하나님의 영이 임하셨다는 것이고 한시적 역사는 삼손과 같이 사사의 직분을 벗어날 때는 하나님의 영이 떠났다가 찾을 때 다시 임하시거나(삿13:25; 14:6, 19; 15:14 참고) 사울처럼 여호와 왕의 사역을 충실히 이행하지 못할 경우 하나님의 영이 함께하지 않으셨다는 것(삼상16:14)을 일컫는다.

옛 언약의 전 역사에 걸쳐 여호와 이름(I AM WHO I AM)의 보혜사 영으로 일하신 하나님은 새 언약의 중보자로 사역을 완수할 또 다른 보혜사를 예수 그리스도 주의 영으로 보내셨다. 주께로 돌이키는 자마다 모세의 글을 읽을 때 마음을 덮었던 수건을 벗겨 주의 영광을 보게 하시매 주의 형상으로 변화하여 하나님의 영광에 이르도록 하셨다(고후3:18). 하나님 영과 그리스도 성령이 역사를 달리하는 것은 아버지와 아들로부터의 영의 본질이 달라서가 아니다. '아버지께서 내 안에(in) 계시고 내가 아버지 안에(in) 거하므로 아버지께 속한 내 것을 취하여 제자들에게 선포하신다'라는 그리스도의 말씀(요14:11; 16:15)은 성부의 영과 성자의 영이 하나라는 증거다. 그럼에도 성경이 두 영을 구분하는 것은 보혜사(the Helper)로서의 역사를 달리하는 까닭이다. 보혜사 하나님의 성령은 언약을 돌에 새긴 율법(고후 3:3, 7 참고)으로 받아 하나님 구속 사역에 동참하도록 부름받은 백성 위에(히브리어 알: upon) 동행하셨다(the Spirit of God was *upon* the man and walked with him). 이와 구별되게 또 다른 보혜사 그리스도의 성령은 새 언약을 믿음의 말씀(롬10:8, 참조 렘31:33, 고후3:3)으로 받아 오직 예수만이 하나님 나라로 인도하는 구원의 주이심(요14:6, 히7:25)을 복음으로 선포하는 모든 교회의 지체들 안에(헬라어 엔: in) 종말의 끝날까지 내주하시며(the Holy Spirit dwells with you, and will be *in* you forever; 요14:16-17, 20 참조) 새 성전을 지어 가신다.

아버지와 아들의 영이 이처럼 밖과 안에서 행하시는 구속의 일은 악의 영역에서 의로 죄를 적출하여 온 땅에 '절대 선'을 편만하게 하는 것이다. 보혜사 영이 동행하심으로 사람의 내면에 매복하고 있는 악을 율법으로 끄집어내어 죄로 확정하는 공의(justice through judgement)에 구약적 목적을 두었다면 또 다른 보혜사 성령은 죄의 사함을 받고자 오직 믿음으로 그리스도와 연합한 '칭의'의 죄인들에게 내주하심으로 구원의 공의(justice through savement; 롬8:26-39 참조)를 신약적 목표로 삼고 있다. 의롭다 하심의 법적 선언(롬8:33 참고)을 받지 못한 죄인들과의 보혜사 하나님 영의 동행으로는 율법의 연약함과 마음의 완악함으로 종말의 구속을 온전히 끝마칠 수 없으므로 또 다른 보혜사 그리스도 성령의 내주하심의 역사가 새 언약으로 선포되었다.

 구약(the old covenant)을 읽을 때 늘 마음이 수건으로 덮이어 부분으로 희미하게 알 뿐이었던 언약 백성에게(고후3:6-15) 새 언약의 중보자(the mediator of a new covenant; 히9:15; 12:24) 예수 이름의 또 다른 보혜사 영과 더불어 그들 안에서(in) 진리를 가르쳐 기억나게 하시고(요14:26) 장래의 일을 진리로 인도하며 알게 하신 하나님 아버지(요16:13)는 아들과 일체로 성령으로 역사하셔서(요14-15, 32) 의가 있는 곳인 새 하늘과 새 땅을 바라보게 하신다(벧후3:13).

정직한 믿음 하나님 사랑

하나님 자비와 긍휼의 구속 사역을 죄인들은 하나님의 사랑이라 말한다. 자비와 긍휼은 구원(헬라어 소테리아: salvation, deliverance)을 베푸시는 하나님 은혜의 성품이다. 대속의 십자가에 내어 주신 독생자 예수 그리스도를 믿는 믿음 안에서 은혜로우신 하나님에 대한 거짓 없는 사랑이 확정된다.

사도 바울은 '마음으로 믿어 의에 이르고 입으로 시인하여 구원에 이른다(롬10:10)' 하고, 야고보는 '행함으로 믿음이 온전하게 되어 의로 여기심을 받아 구원을 얻는다(약2:14, 22-24)'라고 하였다. 둘 모두 믿음이 의로 증거되어 구원을 이루게 됨을 언급하고 있다. 하나님께로 난 의(빌3:9)로 증명되는 믿음에서 '마음'과 '행함'에 간격이 존재하는 듯한 오해의 소지가 있으나 그것은 단지 '마음(heart)'의 내적 이미지와 '행함(working)'의 외적 작용 간의 시차적 관점에 익숙한 습성에 불과하다. 타락한 사람에게 믿음이란 하나님 언약의 말씀을 진리로 알아 세상 끝날 구원과 심판으로 이 땅에 영원한 언약을 실현하실 하나님과 그리스도의 의(the righteousness of God and Savior Jesus Christ; 벧후1:1, 참조 롬3:21-26)를 날마다 공의(justice)로 증거하는 일(works)이다(롬1:17-18 참조). 마음으로 믿어 행함으로 의를 드러냄이 정직한 믿음인 것이다.

  하나님 사랑은 진리로 역사한다. 하나님이 구원의 은혜로 또 다른 보혜사 진리의 영(the Spirit of truth; 요14:16-17; 15:26; 16:13)을 보내셨다. 진리를 부정하는 악이 마음과 입의 거짓에서 태동하였다는 것을 에덴동산에서 보이시고(창3:1-14 참조) 사람의 자의적 행위(act of one's own will)가 아닌 순종의 섬김(serving of obedience)이 하나님 선에 합당한 공의의 기준임을 가인과 아벨의 예물(창4:3-7, 요일3:12)을 들어 알게 하셨다. 거짓된 결과물(the false outcomes)이 아니라 정직한 내용물(the honest contents)을 의의 잣대로 삼으심을 진리의 영으로 증명하셨다.

  관건은 전적으로 타락하여 그 마음과 몸에 거짓으로 가득한 죄인이 어떻게 정직한 믿음으로 의와 구원에 이르는가이다. 율법과 사람으로 할 수 없는 것을 아버지 하나님이 독생자로 하게 하셨다. 율법의 완성으로 옛 계명(an old commandment)을 갱신하신 예수 그리스도께서 새 계명(a new commandment; 요13:34, 요일2:7-8, 요이 5절)을 선포하시고 진리의 영으로 의롭다 하셔서 구원의 길을 열어 주셨다. 새 계명은 그리스도에 대한 사랑(요14:16, 21, 23, 요일5:3 참조)

을 형제와 이웃을 사랑함으로 증명하라(마22:39-40, 요13:34-35, 요일 3:10-11)는 것이다. 구원으로 인도하시는 그리스도와 연합하여 남을 내 몸과 같이 사랑하는 일(works; 롬13:8-10)이 하나님을 참으로 사랑하는 정직한 믿음의 증거요 실체(요일5:1-4)이기 때문이다. 또 다른 보혜사 진리의 영으로 새 계명을 이루어 가시는(롬13:8-10, 벧전1:22 참조, 비교 마22:37-40) 예수 그리스도를 순종으로 믿는 믿음이 하나님께 의로 상달되어 하나님 사랑(요16:27)이 구원의 능력(롬1:16-17, 고전1:18)으로 역사하게 된다.

바울과 야고보는 순결한 마음과 선한 양심과 거짓이 없는 믿음(딤전1:5) 안에서 그리스도 성령과 더불어 의와 구원의 진리에 이르게 하시는 하나님 자비와 긍휼의 사랑을 복음으로 드러내고자 한 것이다.

성령의 선물

    승천하신 예수 그리스도는(요16:7) 오순절(the day of Pentecost) 베드로와 열한 제자에게 불의 혀처럼 갈라지는 성령으로 임하여 천하 각국으로부터 예루살렘에 모여든 유대인들의 지역 방언으로 하나님의 큰일을 말하게 하셨다(행2:1-12). 모세가 율법의 언약서를 낭독할 때 준행할 것을 맹세한 이스라엘을 언약 백성 삼으셨던 하나님은 사도들을 통해 예수 그리스도의 복음을 선포할 때 회개의 세례로 죄 사함을 받는 모든 믿는 자에게 성령의 선물(the gift of the Holy Spirit; 행2:38, 참조 행8:19-20, 11:16-17)로 새 언약 백성 삼으실 것을 약속하셨다(행2:37-40 참조).

    성령의 선물로 지어져 가는 그리스도 몸의 성전은 예루살렘 성전처럼 특정 지파에 부여된 고유의 섬김이든지 성전 안뜰과 성전 건물로 구분된 레위 일꾼들과 제사장들의 계파 간 섬김이든지 지성소와 성소의 제의에 따른 대제사장과 제사장의 구역별 섬김 따위의 율법의 규례가 없었다. 하나님이 사람의 손으로 지은 예루살렘 성전에 구심적 구획과 차등적 섬김을 규례로 정하신 이유는 그리스도 성령의 전이 믿음의 교회들로 세워지기까지의 구속 여정에서 화제의 음식과 향기로운 내음의 대속적 제단 예물을 방편으로 하는 가림막 형식의 교제만이 유일한 소통 수단이었기 때문이다. 성전으로 나아올 때 정결 의식을 치렀다 하더라도 '죄 사함'의 하늘 법정 선고 없이는 하나님과의 대면적 만남이 곧 사망이므로 죄를 가리는(히브리어 카사: cover, hide) 흠 없는 예물을 제단에 올리게 하셨다. 죄악의 장벽들을 하나씩 유월하여 하나님 임재와의 간격을 좁힐 때마다 더 높은 수위의 거룩성이 요청된다는 인식과 한계를 함께 통찰하도록 하신 성전 규례였다.

손으로 지은 성전의 지성소에서 대제사장이 일 년에 한 번 백성의 허물을 위하여 드리는 희생 제물의 피와 제사장이 성소에서 날마다 올리는 예물의 떡과 성전 제단에 드리는 속죄와 화목 제물로는 타락한 영혼의 양심을 온전하게 할 수 없었다(히9:6-9). 절박한 양심의 간구가 하나님께 상달되고 성육신하신 메시아 그리스도의 십자가 대속의 제물로 죄의 형량을 다 치르심으로 선한 양심(a good conscience)의 권세가 회복되었다. 율법의 터 위에 세워진 성전의 휘장을 찢고(마27:51) 타락한 세상을 향하여(against) 쌓아 놓은 성전의 돌들을 허물면서(마24:2, 막13:2, 눅21:6) 성전과 제단의 피와 떡과 희생 제물을 영원히 폐하신 예수, 그분의 복음에 믿음으로 광야로 나아오는 자 누구에게나 하나님과의 안식 교제가 하늘 성소(히9:24;

the holy place of heaven itself)에서 아버지께로 받은 성령의 선물로 예비되어 있었다.

하나님을 향한 선한 양심의 간구(벧전3:21)로 성령의 선물을 받도록 광야에서 회개(헬라어 메타노이아: repentance)의 물세례를 받은 자들에게 '죄 사함'을 위한 회개의 세례(a baptism of repentance for the forgiveness of sins; 막1:4, 눅3:3, 행2:38)가 오순절에 그리스도의 이름의 성령의 선물로 베풀어졌다(행2:38). 세례 요한의 물세례는 오순절에 성령 세례의 모형이었다. 십자가로 죄인들의 죗값을 다 치르신 대가로 하늘 성소에서 아버지로부터 '죄 사함'의 권능을 받아 오순절 성령으로 강림하신 예수 그리스도는 세상 끝날까지 오직 믿음으로 연합하여 '칭의'의 '죄 사함'을 입은 교회들 안에서(in) 성령의 전(the temple of the Spirit)을 완성하여 가신다. 선한 양심(a good conscience)의 행사(good behavior)를 위해 날마다 예수 그리스도의 이름(the name of Jesus Christ means his power)으로 하나님께 간구드리는 또 다른 보혜사의 능력대로 부어지는 하나님 은혜의 선물이다(엡3:7 참조).

종말의 날들에 성령의 선물로 거룩함을 입은 믿음의 교회가 하늘의 대제사장(히4:14; 8:1)이신 그리스도와 제사장으로 연합하여 성령의 전을 땅끝까지 확장하는 복음 사역을 빛과 소금으로 증거하고 있다. 이전에 할례와 무할례, 율법과 양심 사이에 막혔던 담을 허물고 그리스도 안에서 한 몸의 새사람으로 지어 만물과 더불어 하나님과 화해하도록 하는(고후5:17-20, 엡2:14-16, 골1:19-20) 화평의 새 언약(the new covenant of peace)이 수건을 벗은 것 같이 온 땅에 완전한 실체로 역사할 것이다(사61:8-10 참고).

성령의 전

창조의 일을 마치신 하나님은 사람을 에덴동산에 두시고 원시 명령으로 안식의 일을 시작하셨다. 그러나 사람이 타락하여 신탁을 수행하기 어렵게 되자 광야의 성막과 예루살렘 성전을 통한 도우심의 동행을 언약하셨다. 율법의 옛 언약이 죄를 죄로 인식하게 하여 죄악으로부터 돌이키는 회개로의 동행이었다면 종말의 날 중보자 예수의 새 언약은 회개의 '죄 사함'으로 영원한 화평의 은혜를 구속의 자녀들로 누리게 할 또 다른 보혜사 성령(요14:26)의 내주하심(Indwelling)이다. 믿음의 백성을 '성령의 전(the sanctuary of the Holy Spirit; 고전3:16; 6:19, 고후6:16, 참조 엡2:21-22)'인 교회(헬라어 엑클레시아)로 세워 가시는 더 나은 언약(a batter covenant; 히7:22)이다.

사도행전 2장 44-47절은 예수님의 지상 사역과 부활 이후에 바울 서신들로 공식적인 개념으로 자리 잡은 교회 형성에 관한 기록이다. 오순절 베드로의 복음에 순응하여 예수 그리스도의 이름으로 성령을 선물로 받은(엡3:7 비교) 유대인들이 삼천 명이나 되었다(행2:14-41)고 한다. 그리하여 그날 이후,

"믿는 사람이 다 함께 있어 모든 물건을 서로 통용하며 또 재산과 소유를 팔아 각 사람의 필요에 따라 나눠주며 날마다 마음을 같이하여 성전에 모이기를 힘쓰고 집에서 떡을 떼며 기쁨과 순전한 마음으로 음식을 먹고 하나님을 찬미하며 또 온 백성에게 칭송을 받으니 주께서 구원받은 사람을 날마다 더하게 하시니라." (개역개정)

"All who believed were together and had all things in common. And they were selling their possessions and belongings and distributing the proceeds to all, as any had need. And day by day, attending the temple together and breaking bread in their homes, they received their food with glad and generous hearts, praising God and having favor with all the people. And the Lord added to their number day by day those who were being saved." (ESV)

라는 내용이다(행2:44-47). 헬라어 본문은 믿는 사람들(All who believed)을 주어로 하는 세 문장과 주님(the Lord)을 주어로 하는 하나의 문장으로 구분된다. 첫째 문장의 '있다', '통용하다'와 둘째 문장의 '팔다', '나눠 주다', '소유하다', 그리고 셋째 문장의 '먹다'가 동일한 시제(직설 화법 미완 능동형)로 주어의 일과 행위를 서술하고

구원의 빛으로 | 149

있으며 셋째 문장 '먹다' 안에서 각 의미들이 조화로운 조합으로 주님의 말씀 '더하다(to add to their number day by day)'라는 구속적 결론에 다다르게 하는 구조다.

첫 번째로 관찰할 어구는 사도행전 2장 44절 '믿는 사람이 다 함께 있어 모든 물건을 서로 통용하며(All who believed were together and had all things in common)'에서 '다 함께 있다'로 번역된 헬라어 "에피 에이미"다. "에피 에이미"의 헬라 어의는 '가까이에 있다(be nearby)'이며 '다 함께 있다'의 표기는 성령 강림 이전 사도들이 한곳에 모였다(be together)고 할 때(행2:1)의 "호무 에이미"다. 성령 세례를 받은 믿는 사람들이 사도들의 기사와 표적 가운데 가르침과 음식 교제와 기도에 힘쓰는(2:42-23) 거듭난 신앙을 표현할 때 "호무(together)"가 아닌 "에피(nearby, close-by)"가 "에이미(be)"를 수식하는 어구의 조합은 기존의 제의나 절기 위주의 성전 모임에 모종의 변화가 있었음을 예시하고 있다.

"에피 에이미(be nearby)"와 연결 지어 살펴볼 헬라어 동사가 사도행전 2장 42, 46절의 "프로스카스테레오"다. "프로스카스테레오"는 '계속 머물다', '충성하다', '굳게 계속하다'로 어떤 일이나 행위의 지속성을 어의에 담고 있다. 베드로의 오순절 설교로 회개하여 예수 그리스도의 이름으로 성령의 선물을 세례를 받고 죄 사함을 입은 믿는 사람들이 사도의 가르침과 교제와 떡을 뗌과 기도의 일에 '오로지 힘쓰다(프로스카스테레오: devout oneself, continue steadfastly)'로 표기된 42절이 좋은 예다. 반면에 46절의 분사 구문에서는 날마다 마음을 같이하여 성전에 '모이기를 힘쓰다(프로스카스테레오: attend together)'로 번역되어 있다. 42절에서 신앙의 모습을 잘 드러내었다면 46절은 성전으로 표기된 헬라어 "히에론(sanctuary, temple bulding)"의 율법적 역할과 공간적 의미에서 탈피하지 못한 구약적 지식이 반영된 번역의 결과다. 신구약에 대한 통시적 지식의 결핍은 이처럼 '모이다(gather)'의 헬라어 "쉬나고"나 '함께 모이다(gather together)'의 "에피쉬나고" 대신 "프로스카스테레오"를 취한 헬라 저자의 표현 의도를 완전히 묻어 버리는 치명적 실수를 초래한다. 성전 위주의 서술적 표현을 감안하였다 하더라도 '모이기를 힘쓰다'보다는 '머무르기를 힘쓰다'로 서술했어야 할 것이다.

"프로스카스테레오"의 원어적 의미의 복원은 "에피 에이미(be nearby)"에 연역적 행위를 끌어내어 성령 세례를 받은 믿는 사람들의 믿음의 의(롬9:30)를 보다 잘 표현해 준다. 믿는 사람들의 믿음의 의는 하나님 말씀에의 참여와 그리스도 성령 안에서의 성찬의 교제와 기도를 통한 하나님 의와 구원의 완전한 성취이며(행2:42; 44-47 참조) 새 언약에 뿌리를 박고 있다. 새 언약은 '성령의 전'인 교회들의 번창으로 땅끝까지 악한 마귀의 적들을 정복하여 호흡하는 모든 생물에게 영생의 안식을 누리게 하신다는 영원한 화평의 언약(겔 34:25; 37:26)이며 원시 명령의 궁극적 완성이다.

"프로스카스테레오"의 해석에 영향을 미친 46절의 성전은 과

연 예루살렘 성전을 가리키는 것일까. 성전은 헬라어로 "히에론" 또는 "나오스"로 표기되는데 성소(sanctuary)나 성전 건물(temple building)을 의미한다. 예수님은 기도하는 하나님의 집이 강도의 소굴(마21:13, 막11:17, 눅19:46, 참조 요2:16)로 전락한 것을 개탄하셨다. 제자들에게 예루살렘 성전이 무너질 것을 예고하신(마24:1-2, 막13:1-2, 눅21:5-6) 대로 건물의 형체뿐인 성전을 십자가로 허무시고 친히 성전의 몸으로 부활하셨다(요2:19-21). 십자가 죽으심으로 성전의 휘장이 위에서 아래로 찢어졌다는 말씀(마27:51)은 광야의 성막이나 예루살렘 성전의 율법적 역할과 제의적 기능이 완료되었다는 옛 언약의 성취를 의미하는 동시에 하늘의 하나님과 땅의 사람 사이에 막혔던 담이 뚫렸다는 공식적 선언과도 같은 것이다. 하나님 나라(헬라어 데오스 바실레이아: the Kingdom of God)의 구성 요건(하나님 자녀들, 새 하늘과 새 땅, 왕과 왕적 제사장의 통치권)이 완전히 갖추어지기까지 하늘 성소로 승천하신 건축자 예수(히9:24)께서 아버지로부터 자신의 이름으로 또 다른 보혜사 성령을 시행자로 받아 오순절에 믿음으로 의롭다 하심을 입은 육신의 교회들을 그리스도 몸의 기둥으로 연결하여 열방을 향한 열린 복음의 새 성전으로 지어 가신다(엡2:21-22 참조). 이렇듯 하나님이 영원히 거하실 성전으로 지어져 가는 교회들이 돌무더기가 된 옛 성전의 터에 날마다 함께 모이기를 힘쓴다는 우상 숭배와 같은 망령된 행태는 하늘 성소를 이 땅에 세워 가시는 종말의 구속 역사(the works of moving churches in the latter days)를 대적하는 '성령 모독죄(마12:31-32, 막3:29, 히10:29)'로 선고될 뿐이다.

통사론의 관점에서 셋째 문장(행2:46-47 상반절)을 따져 보면, 앞뒤의 분사 구문이 주절을 에워싸는 구조(enclosing sentence structure)다. 앞의 분사 구문에 대한 우리말 및 몇몇 영어 역본(RSV, ESV, BBE etc) '날마다 마음을 같이하여 성전에 모이기를 힘쓰고 집에서 떡을 떼며(day by day, attending the temple together and breaking bread in their homes)'는 시간(day by day)을 기준으로 공간(temple and home)을 양분하는 구문 형태다. 그런데 우리말 날마다(헬라어 헤메라 카타: day by day)의 '마다'와 집에서(헬라어 오이코스 카타: from house to house: NASB, KJV, NKJV)의 '에서'가 헬라어로 동일한 대격 전치사 "카타"인 것을 고려한다면 시간의 범주 안에서 성전과 집을 이분법으로 서술한 듯한 기존의 구성이 아니라 시간과 공간의 어구가 대등 접속사로 연접되어 있는 구문 형태다. 구문의 전반부를 시간의 개념으로 후반부를 공간의 개념으로 배열한 것은 주어절을 통한 시공간의 통합적 의미를 분명하게 전달하려는 구조적 어휘 구사로 이해된다. 본문의 원어적 의미를 살려 '날마다(day by day) 충성된 마음으로 성령의 전에 머물며 집집마다(from house to house: NASB, KJV, NKJV) 떡을 떼는 믿는 사람들이 하나님을 찬미하는 가운데 온 백성에게 칭송을 받으며(종속절) 기쁘고 순전한 마음으로 성찬의 음식에 참예하였다(주절: they received their food with glad and generous hearts)'라고 기술함으로써 성령의 전의 시간적 의미와 집의 공간적 의미가 믿는 사람들의 떡을 떼는 성찬 예식 안에서 온전한 한 몸의 그리스도 교회를 궁극 목적으로 한다는 정의에 한 걸음 더 다가가도록 인도할 것이다.

'먹다'로 표기된 헬라어 동사는 단순한 음식 섭취를 의미하는 헬라어 "에스디오(eat)"가 아니라 '몫을 취하다', '참예하다'의 "메탈람바노[메타(with)+람바노(take): take(receive) with, partake of]"다. 오순절 이후 성령의 전으로 떡을 떼는 일에 참예하게 하시는 하나님은 에덴동산에서 아담과 하와가 선악의 열매를 먹음(창3:6)으로 지체되었던 창조 질서의 완전한 구축을 위한 공의의 일꾼들에게 일용할 양식(마6:11)을 그리스도 복음의 생명의 떡(요6:35, 48, 51, 참조 막8:6, 눅14:15, 고전11:26)으로 공급하셔서 날마다 구원받는 백성들을 교회로 세워 가셨다(the Lord added to their number day by day those who were being saved).

'집집마다(from house to house)' 떡을 떼는 실제 상황(행2:42, 46)은 예수께서 십자가에 달리시기 전 제자들과 마지막으로 떡과 잔의 음식 교제를 나누신 유월절(마26:17, 막14:12, 눅22:8)에 닿아 있다. 몸과 피가 생명의 떡이요 언약의 피(마26:26-28, 막14:22-24)라고 하신 비유는 오순절 성령 강림으로 날마다 성령의 전에 늘 머무르며 교회의 집마다 기쁨과 순진함으로 그리스도의 한 떡에 참여함으로 새 언약(눅22:20, 고전11:25)의 그리스도 한 몸의 교회(the One Church of Christ)로 만들어 가시는 성령의 역사를 예시하신 말씀이다(고전10:16-17 참조). 지난날 육신 아래 있던 이스라엘이 제물을 먹음으로 제단에 참여했던 것(고전10:18)과 대조적으로 믿음의 형제가 그리스도의 떡과 잔으로 영적 교회의 새 성전으로 함께 자라 가게 하시는 하나님 은혜 언약의 종결판인 셈이다.

지금까지의 구문과 어휘의 분석을 기반으로 사도행전 2장 44-47절의 말씀을 다음과 같이 조율해 보았다.

"믿는 사람들이 가까이에 있어 모든 물건을 서로 공유하였다. 토지와 소유물을 팔아 각 사람의 필요에 따라 나눠 주었다. 날마다 한마음으로 성령의 전에 계속 머물며 집집마다 떡을 떼고 하나님을 찬미하며 모든 백성의 칭송을 받는 가운데 큰 기쁨과 순전함으로 음식에 참예하였다. 주께서는 구원받는 사람들을 날마다 더하셨다."

"All who believed were nearby and had all things in common. And they were selling their possessions and belongings and distributing the proceeds to all, as any had need. And day by day staying constantly with one mind in the sanctuary of the Holy spirit and breaking bread from house to house, they partook of their food with glad and generous hearts, praising God and having favor with all the people.
And the Lord added to their number day by day those who were being saved."

오순절 성령 세례를 받은 믿는 자들이 '날마다', '성령의 전'으로 하나님을 찬미하고 온 백성의 칭송을 받으며 성찬에 참여하는 선한 믿음의 일상은 하나님의 부름과 택함을 입은 초대 교회와 교회 지체들의 공의의 위상과 정체성을 바르게 정립시켜 준다. 우리말 개역개정을 그대로 고수하더라도 교회 건물의 상징물로 옛 언약의 성전을 부활시키거나 새 언약의 '성령의 전'을 가리는 죄악 된 행위들을 더 이상 교회의 이름으로 정당화시켜서는 안 될 것이다. 종말에 의와 구원의 하나님은 오로지 예수 그리스도 이름의 '성령의 전'으로 세우시는 공의의 교회들(the churches of justice)로 구속의 역사(딤전 3:15 참조)를 진행하신다.

하나님은 성령의 선물로 구원 백성을 새 언약 복음의 일꾼(고후3:6)으로 세워 종말의 구속 역사를 예루살렘에서 땅끝까지 확장하고 계신다. 옛 언약 때 언약궤 위 속죄소의 그룹 가운데 좌정하셔서 하나님 영(the Spirit of God)으로 필요에 따라 동행(according to needs, walking with them)하셨던 하나님이 독생자 예수로 속죄소의 보좌를 폐하시고 '죄 사함' 받은 구원 백성 안에서(in) 날마다 '성령의 전'으로 역사하시는 것이다. 성막과 성전에 거하시면서 모형과 그림자로 계시하시던 옛 언약을 뒤로하시고 원형인 '성령의 전'에서 성도의 영과 더불어(being with saint's spirit *in* the temple of the Holy Spirit) 바로 지금(just now) 영원한 화평의 나라를 완성하여 가신다.

교회와 안식

하나님은 선(헬라어 아가도쉬네: goodness)으로 창조하신 만물을 타락의 시간 동안 의(헬라어 디카이오쉬네: righteousness)로 지탱하시고 종말의 때 교회를 통해 공의(헬라어 크리마: justice, judgment)로 역사하셔서 안식(헬라어 카타파우시스: rest, place of rest)을 땅끝까지 확장하여 가신다. 그리스도 교회의 공의는 성령의 열매(갈5:22-23, 참조 롬7:4; 8:5-6, 엡4:2-3, 골3:12)다. 사람의 타락으로 창조 질서가 훼손되어 피조물 간 생존의 충돌이 생태계를 지배할지라도 세상 끝날에는 반드시 하나님 나라의 '절대 선'의 다스림이 온 땅에 구현되어 영생의 안식으로 역사할 것이다. 그날이 임하기까지 예수 그리스도와 연합하여 의롭다 하심을 입은(갈3:24-27) 공의의 교회들은 그리스도 '성령의 전'으로 날마다(day by day) 성령의 열매를 더하며 안식의 지경을 확장하는 복음의 의에 순종의 섬김(serving of obedience)을 게을리 하지 않을 것이다.

모세의 율법 아래 제정된 안식 절기에 행하는 모든 규례는 장래일의 그림자(골2:16-17, 참조 히8:4-5; 10:1)로 율법을 다 이루신 그리스도 안에서 역할과 기능이 완료되었다. 이제 아버지 하나님이 아들 이름의 또 다른 보혜사 성령과 더불어 새 언약 일꾼의 육신을 교회로 삼아 터를 잡으시고 새 예루살렘이 하늘로부터 땅에 내려오기까지 안식의 성전을 지어 가신다(엡2:21-22 참고). 이스라엘 역사에서 율법에 주기적으로 정한 날에 성전의 제단으로 수호하신 안식을 예수 그리스도께서 친히 안식의 주로 '성령의 전(고전6:19)'에 내주하셔서(to dwell in) 영원히 거하실 하나님의 성전을 완성하여 가시는 것이다(3:16). 하나님 의로 만물 위에 바벨탑 대신 안식 질서의 '절대선'을 쌓아 올리는 교회들의 공의의 순종이 하나님 나라에서 영생의 열매를 맺게 될 것이다.

지금 이 땅의 한편에는 이스라엘 조상들에게 율법으로 대대손손 지키라고 하신 명령을 따라 안식의 날을 여전히 신봉하는 교회들과 그리스도의 부활로 율법을 성취하심으로 안식일 다음 날을 주의 날로 지키는 교회들이 안식일과 주일로 다투고 있다. 종말에 성령의 역사로 그리스도의 몸 된 교회와 교회의 지체들을 하나님 성소로 삼아 안식 교제를 나누는 모든 날이 하나님 안식의 날이요 주의 날이므로(everyday is the Sabbath and Lord's day) 이러한 구별은 구원 백성에게 무의미하며 무가치하다. 지금은 안식일이나 주일마다 하나님 말씀을 조각조각 분해하여 모이는 자들의 속된 입에 맞춤형 식단으로 떠먹이는 예배 형식을 탈피하여 초대 교회처럼 예수 그리스도의 복음으로 성령의 권능이 떡을 떼는 자들 안에 공의로 역사하도록 하나님 말씀에 날마다(day by day) 전심전력할 때다. 그리스도 성령은 하나님 말씀과 장래의 일을 알게 하여(눅8:10, 고전 2:10, 엡3:9-11, 골1:26) 교회들의 정직(upright)과 옳은 행실(right works)만이 의의 나라(the Kingdom of righteousness)의 안식 잔치에 흠 없는 신부(아4:7-12 참조)의 예복이 될 것을 땅의 모든 나라와 민족에게 복음으로 선포하도록 이끌어 가신다.

원시 명령의 종말 구속사

원시 명령인 '사람의 번창', '땅의 정복', '생물의 다스림'은 안식의 나라를 하나님 형상의 사람으로 이 땅에 건설하신다는 신탁이다. 첫 아담의 타락으로 아브라함 때 원시 명령을 은혜 언약으로 새롭게 하신 하나님은 번창한 아브라함 후손과 동행하시며 안식 회복과 확장의 일을 도모하셨다. 모든 살아 있는 생명체를 '절대 선'의 안식으로 다스리는 창조의 목적을 이루기 위함이다. 그러나 사람의 손에 위임한 원시 명령을 언약으로 갱신하여 타락한 매개자들과 선의 본체로 일하시기 위해서는 죄악으로부터의 영적 출애굽이 선행되어야 할 것이다. '사람의 번창'과 '땅의 정복'을 아브라함과 모세 언약으로 실현하신 하나님이 모든 생물의 다스림을 위한 구원을 그리스도의 새 언약으로 성취하고자 하신 것은 율법 언약이 내면의 악을 드러내어 '죄의식(consciousness of sins; 히10:2, 참조 창3:6-7)'을 갖게 함으로써 선한 양심(good conscience; 벧전3:16)을 향한 의지와 회개의 소망을 심어 준 역할과 기능에도 불구하고 영원한 '죄 사함'의 의의 언약이 오직 그리스도의 믿음 안에서 발효되기 때문이다. 종말의 구원은 새 언약을 통해 하나님 의를 그리스도와 연합한 회개의 죄인 안에 선한 양심(벧전3:21 참조)으로 채우는 예수 그리스도 공의의 최종 병기다.

원시 명령이 언약의 씨로 뿌려진 터 위에 십자가 꽃을 피워 마침내 예수 그리스도 구원의 첫 열매를 맺었다. 그리스도 성령의 처음 익은 열매를 영원한 대속의 떡과 새 언약의 잔으로 먹고 마시는 교회들(롬8:23 참조)로 선한 양심과 선한 행실(벧전3:16; good conscience and good behavior)의 풍성한 열매들을 맺게 하여 영원히 거하실 하나님 성전으로 지어 가는 원시 명령의 종말 구속사다.

4
하나님 나라

새 예루살렘

 이 시대는 종말의 시대다. 모세와 선지자들의 글에서 계시된 메시아 그리스도께서 성육신하신 날부터 이 땅에 재림하실 날까지다. 손으로 지은 성전을 허물고 새 성전의 몸으로 부활하신 예수 그리스도와 믿음으로 연합한 자들 안에 성령의 전인 교회로 역사하는 시대다. 그리스도의 포도나무에 참 가지로 성령의 열매를 맺어 가는(요15:5) 교회들이 추수 끝에 영생의 자녀로 부활하기까지 오늘을 낮아짐과 버림의 좁은 문으로 걸어가는 시대다. 아직 복음의 부르심 듣지 못한 남은 교회들(계22:16-17 참조)이 온전히 하나 되는 그리스도 교회의 마지막 구조물로 연결되어 영원히 거하실 하나님의 완전한 성소(엡2:21-22)의 완공을 만방에 선포하는 어린 양 예수의 혼인 잔칫날(계19:7-8), 새 하늘과 새 땅이 열리고 거룩한 성 새 예루살렘이 하나님께로부터 하늘에서 내려올 것이다(계21:1-2).

 언약 백성에게 피난처로(시46:1; 62:8, 잠14:26, 욜3:16) 큰 도움이 되셨던 하나님이 새 하늘과 새 땅의 새 예루살렘 장막에 보좌를 두시고 생명책(계3:5; 21:27)의 백성과 친히 함께 계셔서 다시는 사망과 애곡과 아픔이 없는 영원한 안식의 주로 날마다 만물을 새롭게 하신다(계21:3-5 참조). 오직 믿음 안에서 이기는 자들만이 최종 심판인 둘째 사망(계2:11; 20:6, 14; 21:8)에서 양자의 영으로 건짐을 받는(롬8:15) 하나님의 자녀로 하나님 도성 새 예루살렘을 상속받을 것이다.

하나님 형상의 메신저요 그리스도 사도의 계승자들이 생존에서 생명으로 사망에서 영생으로 부활하여 새 예루살렘에서 만왕의 왕 예수의 왕적 제사장 신분으로 온 땅을 '절대 선'으로 다스리는 날, 천지의 모든 피조물이 타락의 예속에서 해방되어 하나님 자녀들의 영광의 자유(the freedom of the glory of the children of God)에 이르게 되리라(롬8:21).

영원한 화평

천지 만물을 선한 창조(creation through goodness)로 완성하신 하나님은 삼위의 형상 안에서 같은 모양으로 지으신 사람(man: male and female)을 축복하시고 땅끝까지 번창시켜 호흡하는 모든 생물로 영원한 안식을 누리게 할 사역을 원시 명령으로 주셨다. 그러나 복과 안식의 사역장인 에덴동산에서 불순종의 교만함으로 저주를 받아 안식의 일을 온전히 수행할 수 없는 지경에 이르자 율법 언약을 통한 대속의 제물로 죄를 덮어 가리는 모형적 구속의 은혜로 안식 사역이 중단되지 않도록 도우셨다.

하나님은 율법 언약의 구속적 요건들이 충족되자 종말의 날에 영원한 새 언약을 실현할 중보자를 마지막 아담으로 보내셔서 의롭다 하심을 입은 공의의 새 사람을 땅끝까지 채워 가신다(히13:20-21 참고). 화평의 복음(행10:36)이 온 땅에 전파되는 날 하늘 보좌에 계신 예수께서 영광의 빛난 몸으로 재림하셔서 만왕의 왕이 되시고 복음의 전령인 믿음의 교회들이 모든 민족을 하나님의 '절대 선(absolute goodness)'으로 다스리며 땅의 모든 피조물을 죄의 속박에서 벗어나 안식하게 할 왕적 제사장이 되는(벧전2:9, 계5:10; 20:6) 영원한 화평의 나라의 건국(the founding of the Kingdom of an everlasting peace)을 맞이하게 될 것이다.

영원한 화평의 나라는 선지자 이사야가 "이리가 어린 양과 함께 살며 표범이 어린 염소와 함께 누우며 송아지와 살찐 짐승이 함께 있어 어린아이에게 끌리며 암소와 곰이 함께 먹으며 그것들의 새끼가 함께 엎드리며 사자가 소처럼 풀을 먹을 것이며 젖 먹는 아이가 독사의 구멍에서 장난하며 젖 뗀 어린아이가 독사의 굴에 손을 넣을 것이라(사11:6-8; 6:25)"라고 노래한 절대 질서의 나라다. 선지자 에스겔의 입으로 "악한 짐승을 그 땅에서 그치게 하리니 빈들에 평안히 거하며 수풀 가운데 자며 하나님의 산 사방에 복된 소낙비를 내려 밭에 나무가 열매를 맺으며 땅이 그 소산을 내니 평안할 것이며 다시는 이방의 노략 거리가 되지 아니하며 땅의 짐승들에게 잡아먹히지도 아니하며 기근이 없는 좋은 땅에서 멸망함이 없이 평안히 거주하며 다시는 여러 나라의 수치를 받지 아니할 것이라(겔34:25-29)"라고 예언하게 하신 생명 안식의 나라다. 어린 양의 생명책에 기록되어(계21:27) 사망에서 생명으로 구속의 은혜를 입은 하나님의 자녀들이 왕적 제사장으로 다스리는 하나님 나라는 더 이상 슬픔이나 고통이 없으며(사35:10; 51:11; 65:19, 계21:4) 분쟁이 사라지고(고전12:25) 영원한 안식 안에서 하나님 영광만이 천하만국을 비추는 흑암이 완전히 사라진 빛의 나라다(계21:24-27).

오랜 간구와 인내로 하나님 보좌 앞에 선 믿음의 조상들과 지금 이 땅에서 거룩한 행실과 경건함(holy behavior and godliness)으로 주님의 길을 걷기를 소망하는(벧후3:11-12) 믿음의 백성들이 화평의 언약(겔37:26)대로 처음 하늘과 땅이 떠나가고(go away, depart) 의로 거하는 새 하늘과 새 땅(벧후3:13; new heavens and a new earth in which righteousness dwells: ESV)의 화평의 나라에 영광의 빛으로 다시 오실 주 예수를 따라 찬란하고 완전한 영과 몸으로 부활할 것이다.

"주 예수여 어서 오시옵소서 주와 연합한 남은 교회들이 생전에 이날 보기를 원하나이다 아멘."